어려운 코딩 없이 쉽게 이해하는 HTML 입문서

</>

이야기로 다가가는 HTML

글, 그림 고코더(이진현)

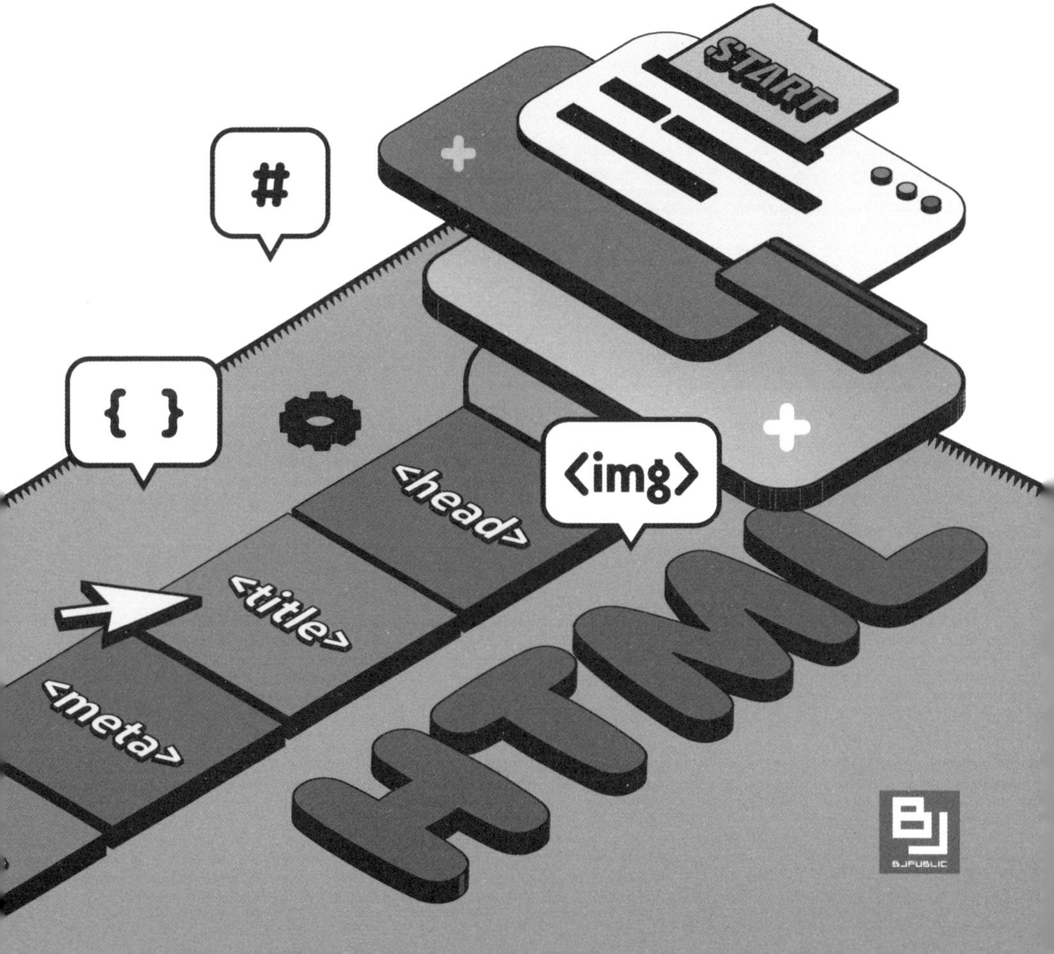

BJPUBLIC

이야기로 다가가는 HTML

저자 소개

고코더(이진현)

낮에는 프런트엔드부터 백엔드까지 다루는 풀스택 개발자이자, 밤에는 일반인들도 쉽게 IT를 이해할 수 있도록 글을 쓰는 작가입니다. 티스토리 블로그를 통해 다양한 개발 기술을 공유하고, 브런치를 통해 개발자의 삶을 에세이로 풀어내며, 가끔씩 오프라인 강의를 통해 독자들과 즐거운 시간을 갖고 있습니다. 그 밖에도 사진을 찍고, 작곡을 하며, 그림을 그리는 욕심 많은 '취미 부자' 개발자입니다. 요즘은 독자들에게 더욱 사랑받는 IT 에세이 작가가 되기 위해 노력하고 있습니다.

<사이트>

홈페이지 http://gocoder.net
블로그 https://gocoder.tistory.com
브런치 https://brunch.co.kr/@gocoder
웹 툴 http://publicproject.gocoder.net/
유튜브 http://gocoder.net/youtube
이메일 gocoder@kakao.com
인스타그램 @gocoder.sns

<저서>

오늘도, 우리는 코딩을 합니다(2021)
아메리카노 한잔으로 배우는 Node.js Express 기본편(2019)

추천의 글

　문과 출신 개발자로 늘 느꼈던 아쉬움은, 전공서와 같은 지식 전달 서적을 주로 읽어야 한다는 것이었습니다. 소설 같은 책을 읽고 싶을 때도 있지만, 읽어야 할 개발 서적들이 가득한 상황에서 개발 서적 이외의 책을 읽는 것은 쉽지 않았습니다. 그런데 《이야기로 다가가는 HTML》은 딱딱해 보이는 HTML 태그들에 감성을 한 스푼씩 집어넣은 아름다운 요리같은 책이었고, 읽으면서 새로운 음식을 맛보는 기분이 들었습니다. 기존에 HTML에 대해 알고 있든, 알고 있지 않든 HTML 태그에 대한 다른 방식의 해석을 통해 HTML의 의미가 더 깊게 새겨졌습니다.

　특히 문과 출신 개발자, 코딩을 처음 접하는 개발자 지망생, 코딩 교육 종사자 분들에게 더욱 필요한 도서라고 생각됩니다. 코딩을 한다는 것의 의미가 무엇인지, 코드에 의미를 부여한다는 것이 어떤 것인지 알 수 있는 매우 중요한 책이기 때문입니다. 책을 읽는 동안 HTML과 각 태그의 의미와 구조를 다시 생각하고 이해하며, 그를 기반으로 어떻게 하면 효율적으로 코드를 작성할지 고민해보는 유익한 시간이었습니다.

문주영

　HTML을 인문학적으로 가볍게 풀어 낸 책입니다. 부담 없이 편하게 읽다 보니, 나중에는 힐링 되는 느낌까지 들었습니다. 프로그래밍 도서에서 힐링을 경험하다니!

　특히 <head>와 <body>태그를 인체에 비유한 설명을 읽을 때는, 나는 맨날 코딩하고 태그를 사용하면서 왜 이런 생각들은 하지 못했을까? 싶은 마음과 함께 짜릿함까지 느꼈습니다. 만약 HTML 태그를 조금이라도 아는 사람이 이 도서를 읽는다면, 굉장히 신선한 관점으로 풀어 설명한 저자의 HTML 이야기에 충분한 재미를 느낄 수 있을 것 같습니다.

박윤서

　이 책은 웹 프로그래밍(특히 HTML)에 관심은 있지만, 지식이 부족한 사람들을 위해 쓰여진 책입니다. 이 책의 큰 장점은 큰 어려움 없이 HTML의 전체 흐름을 이해할 수 있다는 것입니다.
　에세이 형식으로 구성되어 있어 기존의 코딩 책들보다 더 쉽게 읽히고, HTML 태그에 대한 개념도 잘 정리할 수 있습니다. 그리고 이 책에는 재미있는 요소가 하나 있는데, 바로 각 챕터 마지막에 있는 QR 코드입니다. 이 QR 코드를 찍으면 각 챕터에서 설명한 예제 코드를 직접 테스트해볼 수 있는 웹 페이지로 이동할 수 있습니다. 이렇게 실습까지 할 수 있도록 친절하게 구성되어 있는 도서라, 흥미와 개념 두 마리 토끼를 한 번에 잡을 수 있어 참 좋습니다. HTML을 쉽고 재미있게, 제대로 이해하고 싶은 분들께 추천합니다.

박준필

　HTML을 통해 웹의 건축가가 되고 싶은 자들에게 추천하고 싶은 책입니다. 각 태그를 우리 일상의 것들로 비유해 내는 고코더님의 글은 그 어떤 HTML 강의보다 더 직관적이고 뇌리에 남는 것 같습니다. 김춘수의 〈꽃〉처럼, 각 태그를 하나하나 열거해 의미를 부여한 고코더님의 글 덕분에 HTML은 디지털 세계의 건축물로 자리 잡게 되었습니다. 한 번의 독서로 이 정도 각인이 되었다면 성공 아닐까요?

개발에 대한 의지가 있는 사람이라면 이 책을 최소 3번은 읽기를 추천합니다. 흥미에 이끌려 한 번, 전문서적과 함께 내용을 음미하며 한 번, 홈페이지의 태그들이 어떻게 활용됐는지 직접 눈으로 확인하면서 한 번. 아마 세 번째 독서에서 이미 당신은 훌륭한 웹의 건축가가 되어 있을 것입니다.

유승경

웹의 뼈대라 불리는 HTML의 구조와 다양한 HTML 요소들을 잘 알고 다루는 것은 웹개발자가 기본적으로 갖춰야 할 능력입니다. 그러나 비전공자나 코딩을 처음 접하는 사람들은 어떤 요소가 왜 중요한지 이해하는 것부터 어려움을 겪습니다. 그런 이들을 위해 이 책은 그들이 어려움을 헤쳐 나갈 수 있도록 HTML을 쉽고 재미있게 알려줍니다. 저자가 이야기하듯 들려 주는 HTML의 변천사는 매우 흥미로우며, 딱딱하게 암기해야만 했던 각 태그의 기능과 의미는 비유 속에서 살아 숨쉬듯 와 닿습니다. 외국어를 공부할 때와 마찬가지로 프로그래밍 언어 또한 언어와 배경을 제대로 이해하지 못하면 소통하는 것에 어려움을 겪습니다. 사실 코딩 공부를 하다보면, 설명할 필요도 없이 당연하다고 생각한 것이 누군가에게는 너무나 생소하게 느껴지는 상황을 볼 때가 많습니다. 특히 웹개발과 이를 기반으로 하는 서비스는 전문가부터 비개발자까지 여러 수준의 사람들이 서로 이해하고 이해받으며 함께 일해야 하는 분야라 더욱 그렇습니다. 이 책은 전문가와 비전문가를 이어준다는 큰 의미가 있습니다. 이 책을 통해 많은 사람이 HTML을 정확하게 이해하고 사용하며, 재밌게 느낄 수 있으면 좋겠습니다.

이한결

목차

프롤로그 12

HTML이란?

HTML은 뼈대이자 시작이다 18
- 웹을 이루는 뼈대 HTML 18
- HTML이라는 뼈대 위에 살을 입힌 사이트 19
- HTML이라는 시작 20

인터넷으로 간 문서파일 .html 21
- 바다로 간 표유류 21
- 문서 HTML 22
- 인터넷으로 간 문서 HTML 24

아이언맨 슈트와 HTML의 발전 26
- 토니 스타크 슈트의 탄생 26
- 팀 버너스 리가 탄생시킨 HTML 27
- 발전하는 HTML 29

http 프로토콜과 2개의 슬래시 '//' 사람이 만든 가벼운 규칙 30
- 지퍼 30
- http:// 31
- http 프로토콜의 탄생 32
- 새로운 도전을 꿈꾸며 만드는 규칙 33

태그로 배우는 친절한 의사소통 34
- 의류 태그 34
- 친절한 소통 35
- 저자의 태그 교환 36
- 태그 37
- 태그는 친절한 소통을 위한 규칙 38

코딩을 위한 피칭연습 'HTML 코딩 사이트' ········· 39
피칭 투구　　　　　　　　　　　　　　　39
코딩 피칭　　　　　　　　　　　　　　　40
코딩 연습 사이트 'CodePen'　　　　　　　41
이론보다 중요한 실전 연습　　　　　　　　42

2장 머리(head) 부분

생각의 핵심을 담는다 헤드 태그 <head> ········· 46
좀비와 사람의 차이　　　　　　　　　　　46
헤드 태그　　　　　　　　　　　　　　　47
헤드 태그 선언　　　　　　　　　　　　　48
헤드의 구성요소　　　　　　　　　　　　49
헤드는 곧 생각　　　　　　　　　　　　　51

한 줄로 요약해드립니다 타이틀 태그 <title> ········· 52
칭찬은 고래도 춤추게 한다　　　　　　　　52
제목이 되는 타이틀 태그　　　　　　　　　53
타이틀 태그 선언　　　　　　　　　　　　55
우리의 삶에 제목 태그 붙이기　　　　　　57

추상에서 실재로 메타 태그 <meta> ········· 58
추상 미술의 거장, 마크 로스코(Mark Rothko)　58
메타데이터　　　　　　　　　　　　　　　59
HTML의 메타 태그　　　　　　　　　　　60
지식에 관한 지식, 메타　　　　　　　　　61

디자인 철학을 말하다 스타일 태그 <style> ········· 63
디자인 철학　　　　　　　　　　　　　　63
CSS와 스타일 태그　　　　　　　　　　　64
스타일 태그 선언　　　　　　　　　　　　64
내부 선언(internal css)　　　　　　　　　65
외부 스타일 시트(External style sheet)　　66
웹의 접근성을 높인 스타일 태그　　　　　67

스타일리스트를 모십니다 링크 태그 <link>	68
1차원 실이 모이면 2차원 면이 된다?	68
링크라는 장롱에 보관하기	69
링크 태그 선언	70
좋은 스타일리스트 모시기	71

역동성을 더해 주는 스크립트 태그 <script>	73
전기 자전거	73
스크립트 태그 선언	74
멈춰 있는 것에 숨을 불어넣다	76

몸(body) 부분

행동을 담습니다 바디 태그 <body>	80
HTML을 표현하는 공간, 바디 태그	80
모든 콘텐츠를 담는 바디 태그	82
바디 태그 선언	82
애플 홈페이지의 바디 태그	83
바디 태그에 나만의 감성 담기	84

개발자에게만 보입니다 'HTML 주석'	85
투명 인간같은 주석	85
HTML에서 주석 사용하기	86
주석으로 증거 남기기	87
남모르게 돕는 HTML 주석	88

용도에 맞게 사용합시다 시맨틱 태그 'semantic tag'	89
붓을 사용하는 방법	89
시맨틱 태그의 탄생	90
시맨틱 태그(semantic)	91
시맨틱 태그가 가져온 변화	91

헤드라인을 담는다 헤더 태그 <header>	93
헤드라인 카피	93

최초의 헤더 태그	94
올바른 헤더 태그 사용법	95
잘못된 헤더 태그 사용법	95
헤더로 주목 끌기	96

웹의 미디어 아트를 담당합니다 비디오 태그 <video> ········· 97

인터넷으로 들어온 비디오	97
미디어 아트	98
비디오 태그 사용법	100
비디오 태그로 바뀐 영상 문화	101

늘어짐 없는 인터넷 카세트테이프 오디오 태그 <audio> ········· 102

카세트테이프 혁명	102
오디오 태그의 탄생	103
오디오 태그 사용법	104
편리한 세상, 그리운 아날로그	105

홈페이지에서 길을 묻다 네비 태그 <nav> ········· 106

나침반	106
HTML의 나침반, 네비 태그	107
네비 태그 사용법	108
친절한 이정표	109

콘텐츠를 독립적으로 다룹니다 아티클 태그 <article> ········· 110

독립출판	110
독립적인 태그	111
아티클 만들기	113
독립적인 개발자	114

데이터를 수납해 드립니다 테이블 태그 <table> ········· 115

빨래 바구니와 수납장	115
테이블 태그란?	116
테이블 태그 사용법	117
데이터의 질서를 만드는 테이블 태그	118

인터넷을 움직이는 만 분의 일 에이 태그 <a> ········· 119

닻	119
anchor	120
href 라는 좌표	120
타깃(target)으로 이동하기	121

거대한 인터넷을 움직이는 한 글자 'a' 122

줄임말이 태그명이 되다 이미지 태그 <img> 123

본명을 이긴 줄임말들 123
이미지 태그의 탄생 124
그래픽을 표현하는 브라우저의 탄생 125
주저하지 않는 도전 정신 126
픽셀에서 인스타그램으로 127
인스타그램의 시작, 이미지 태그 129
이미지 태그 사용법 130
디지털 이미지 131

논리 구조를 담다 표제 태그 <h> 133

HTML 문서의 논리 구조 133
논리 구조를 전달하는 표제 태그 134
레벨 135
구글이 표제 태그를 사용하는 방법 136
코딩에도 논리 구조가 필요합니다 137

웹 속에 존재하는 또 다른 웹 아이프레임 태그 <iframe> 138

마인크래프트(Minecraft) 138
아이프레임 태그 139
아이프레임 태그 사용법 141

흩어진 내용을 하나의 정보로 담아내다 리스트 태그 <list> 144

버킷 리스트 144
리스트 태그 삼형제 145
리스트를 작성해 보세요 147

상품을 포장해 드립니다 디아이브이 태그 <div> 149

박스 포장 149
만능 디아이브이 태그 150
시맨틱 태그 이전에 존재하던 디아이브이 태그 151
디아이브이 태그의 정리 기술 152

인터넷 문서를 작성합니다 문단 태그 <p>,
  154

워드프로세서의 엔터 154
보기 좋은 문서로 정리하는 문단 태그 155
디지털 속 문장의 거리, 1바이트 157

인터넷 필기도구
글자 태그 \<b\>, \<strong\>, \<i\>, \<u\>, \<del\>, \<mark\> ·················· 158

인터넷 필기구의 탄생　　　　　　　　　　　　　　158
글자 태그　　　　　　　　　　　　　　　　　　159
온라인 필기도구　　　　　　　　　　　　　　　　164

발(footer) 부분

부가 정보를 담아 드려요 푸터 태그 \<footer\> ················· 168
미술품을 설명하는 부가 정보　　　　　　　　　　168
부가 정보를 기록하다　　　　　　　　　　　　　170
푸터 태그 사용법　　　　　　　　　　　　　　　171

홈페이지의 주소를 알려드립니다 어드레스 태그 \<address\> ··············· 173
하이홈 닷컴　　　　　　　　　　　　　　　　　　173
홈페이지의 도로명 주소　　　　　　　　　　　　174
각 콘텐츠의 도로명 주소　　　　　　　　　　　　175
인터넷에서 만든 집, 홈페이지　　　　　　　　　　175

에필로그

코딩을 시작하는 사람들에게　　　　　　　　　　180
도전을 멈추지 마세요.　　　　　　　　　　　　　183

프롤로그

"안녕하세요. 고코더입니다."

    필자가 코딩 티스토리 블로그 'ITExpress(gocoder.tistory.com)'에서 강의를 할 때 빼놓지 않고 하는 인사입니다.

    저는 약 3,000여 명의 구독자와 소통하는 브런치 작가이자 코딩과 컴퓨터 지식을 알려 드리는 IT 파워 블로거입니다. 코딩 강의는 개발자가 할 수 있는 꽤 재미있는 활동입니다. 특히 글쓰기를 좋아하는 저에게 블로그에 글을 쓰는 일은 기술 정리라는 명목의 업무인 듯 업무 아닌, 스트레스를 해소하는 좋은 수단이었습니다. 대중적인 글을 쓰기에는 아직 부족한 부분이 많았지만 약 3년 동안 기술 블로거로 부지런하게 살았습니다.

    그저 호기심에 시작했던 블로그의 영향력은 생각보다 컸습니다. 대기업의 이직 제안, 오프라인 강의 제안을 받았고, 필자가 남긴 블로그 강의를 기초로 한 코딩 테스트 문제가 만들어지기도 했습니다. 또한 고민 많은 후배 개발자들에게 상담도 해 줄 수 있었고, '고코더'라는 닉네임을 알아보는 사람이 생겨나기 시작했습니다. 블로그가 가져다 준 가장 큰 성과는 바로 '금전적인 수익'인데, 구글 애드센스를 통해 얻는 수익 덕분에 저는 매달 적지 않은 용돈을 받게 되었습니다.

브런치 작가

    브런치(brunch)는 작가가 되고 싶은 사람들에게 동등한 기회를 제공하는 획기적인 플랫폼 서비스입니다. 작가를 꿈꾸던 필자 역시 브런치에 열심

≫ MEMO

어려운 코딩 없이 쉽게 이해하는 HTML 입문서

이야기로
다가가는
HTML

1장

HTML이란?

HTML은 뼈대이자 시작이다

≫ 웹을 이루는 뼈대 HTML

'홈페이지(homepage)'는 우리에게 아주 익숙한 단어입니다. 여기서 '홈(home)'은 알다시피 '집'이라는 뜻입니다. 개인 사이트가 없어도 블로그, SNS 등 이미 홈페이지를 대신하여 온라인상의 공간을 나의 집처럼 활용하고 있습니다. 우리가 오프라인에서 생활하고 거주하는 집과 많이 닮아 있습니다.

집과 홈페이지의 또 다른 공통점은 '기본 구조'가 있다는 것입니다. 집을 지을 때 가장 중요한 과정은 땅을 평평하게 만들고 그 위에 기둥을 세워서 골조 작업을 하는 것입니다. 일명 '뼈대 올리기' 작업으로, 이 기초 공사는 튼튼한 집을 짓는 가장 중요하고 기초적인 과정이 됩니다. 이 과정을 소홀히 한다면, 아무리 멋지게 집을 짓더라도 부실 공사로 인해 안정성을 보장할 수 없게 됩니다. 온라인상의 보금자리인 홈페이지 또한 '뼈대 올리기'가 굉장히 중요합니다. 그리고 이 홈페이지의 기초공사는 바로 이 책의 주제인 'HTML'을 의미합니다.

> **TIP | HTML은 알몸이다?**
>
> HTML을 실생활의 예로 좀 더 쉽게 설명해 보겠습니다. 목욕탕에 가면 우리 모두는 탕에 들어가기 위해 아무것도 걸치지 않은 알몸의 형태, 즉 HTML의 상태가 됩니다. 그리고 목욕이 끝나고 목욕탕 문을 나서는 순간에는 다시 자신만의 패션과 머리스타일로 개성을 불어넣은 홈페이지가 되는 거죠.

≫ HTML이라는 뼈대 위에 살을 입힌 사이트

'HTML'은 정말 익숙한 단어입니다. 프로그래머가 되겠다고 마음먹은 사람이 가장 먼저 만나는 언어고, 컴퓨터와 담을 쌓은 소위 '컴맹'도 학창 시절 컴퓨터 수업에서 배워 본 적 있는 언어입니다. 컴퓨터를 싫어했던 사람조차도 교과 과정을 통해 경험해 볼 정도로, HTML은 웹과 프로그래밍을 이해하는 기초입니다.

HTML은 'Hyper Text Markup Language'의 약자로, 쉬워 보이지만 사실 구글, 다음, 네이버, 네이트, 빙, 줌 등 우리가 매일 친숙하게 사용하는 웹의 모든 기본 뼈대를 이루는 근간입니다. 각 사이트마다 다른 디자인과 개성을 뽐내지만, 결국 같은 HTML로 이루어져 있기 때문에 사이트들은 일정한 모습 안에서 유지됩니다. 기초가 완성되면 이제 HTML 위에 스타일을 입히고 스크립트라는 동적인 생동감을 불어넣습니다. 살을 붙이고, 옷을 입히고, 신발까지 멋지게 스타일링한 다음 헤어스타일까지 잡아 주면 개성 넘치고 매력적인 사이트가 탄생하는 거죠.

각종 포털 사이트 로고

≫ HTML이라는 시작

지금 이 책을 보는 독자는 학생인가요? 아니면 평범한 직장인인가요? 호기심에 코딩을 시작하셨나요? 독자의 직업이나 이유를 불문하고, 이 글을 읽는 여러분은 이미 코딩이라는 바통을 이어받은 예비 개발자가 되셨습니다. 그리고 우린 모두 코딩의 출발점, HTML이라는 점에 서 있습니다.

코딩에서 시작이란 단어와 가장 어울리는 단어가 바로 HTML입니다. 특히 예비 프로그래머나 개발자가 가장 먼저 듣는 수업이 HTML입니다. 다시 말해 이 책을 읽고 있는 여러분은 개발자가 되기 위한 첫걸음을 뗀 것입니다. 사람들이 흔히 '시작이 반'이라고 하죠? 여러분이 HTML 공부를 시작했다면 이미 반을 넘어 개발자의 본 경기가 시작되었다고 생각합니다.

자, 이제 개발자가 되기 위해 혹은 새로운 지식의 확장을 위해 이어받은 바통을 움켜쥐고 뛰어가시기 바랍니다.

인터넷으로 간 문서파일 .html

≫ 바다로 간 포유류

대왕고래, 흰긴수염고래, 청고래, 흰수염고래 등 여러 이름으로 불리는 이 동물은 과거에 지구를 지배했던 공룡보다도 더 거대한 크기를 자랑합니다. 지구 역사상 가장 큰 포유류로 몸길이는 최대 33미터, 무게는 100톤 이상에 달합니다. 이 녀석을 세우면 크기가 5층 건물의 높이와 비슷합니다. 대왕고래의 심장 대동맥은 성인 남자가 들어갈 수 있을 만큼 넓다고 하는데, 이 거대한 고래 입장에서 보자면 사람은 그저 기생충 정도로 작은 생물일 뿐입니다.

여러분도 아시겠지만, 고래는 알고 보면 인간과 같은 포유류입니다. 고래는 인간처럼 '폐 호흡'을 합니다. 바닷속에 있는 물고기들은 아가미로 호흡하지만 고래는 시간마다 물 위로 올라와 코로 산소를 흡입합니다. 또 사람처럼 알이 아닌 새끼를 낳고 젖을 먹여 키웁니다.

그러면 우리와 같은 포유류인 대왕고래는 왜 바다로 가게 되었을까요? 몸집이 큰 대왕고래는 육지에서 중력의 영향을 크게 받을 수밖에 없었습니다. 관절과 근육, 뼈가 몸무게를 감당하지 못하는 거죠. 그리고 거대한 무게를 유지하기 위해서는 많은 양의 먹이가 필요했는데, 육지는 대왕고래에게 적합한 환경이 아니었죠. 하지만 바다는 육지와 달랐습니다. 부력이 중력의 압박을 줄여 주고, 물속을 자유롭게 헤매고 다니면서 식량을 구하기도 쉬웠습니다. 그리고 환경 변화가 일어나면 재빠르게 다른 곳으로 이동할 수 있었기에 지구에 현존하는 가장 큰 동물이 될 수 있었던 거죠. 만약 고래가 바다로 가지 않았다면, 이미 멸종되었거나 기린처럼 아프리카 일대에서 천적들과 맞서면서 거대한 몸을 이끌고 도망 다닐 수밖에 없었을 것입니다.

》 문서 HTML

실생활에서 문서 작업에 자주 사용되는 마이크로소프트사의 오피스 프로그램 '엑셀'이 있습니다. 엑셀로 문서를 만들면 '.xls'라는 확장자가 자동으로 생성됩니다. 엑셀 파일이라고 스스로를 정의하는 것입니다. 그런데 엑셀 파일을 저장할 때 '파일 형식' 리스트를 자세히 보면 재미있는 옵션을 찾을 수 있습니다. 웹페이지 파일인 '.html' 형식이 제공되는데, 이를 선택하고 파일을 저장하면 '.html'이라는 웹페이지 파일이 생성됩니다.

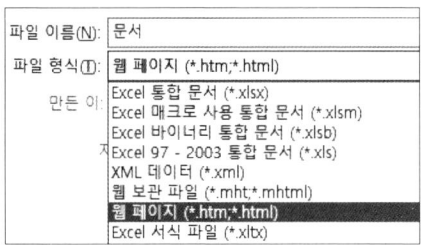

엑셀에서 [다른 이름으로 저장]시 선택할 수 있는 파일 형식

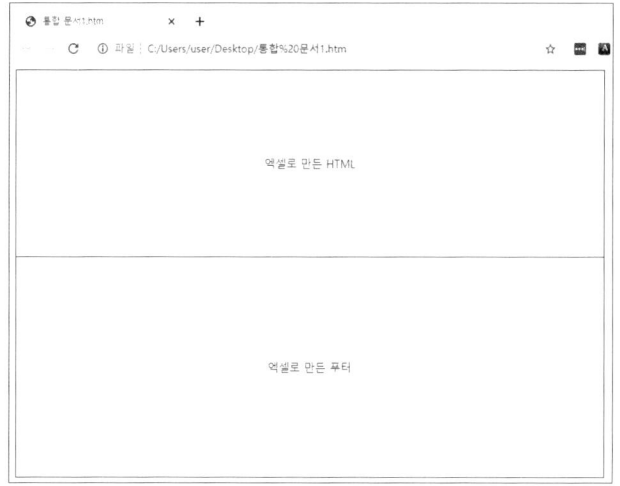

엑셀로 만든 HTML 화면

　이를 통해 HTML도 문서 파일을 저장하는 하나의 방법이라는 것을 알 수 있습니다. 방금 저장한 이 파일을 브라우저를 실행하면 위의 이미지처럼 엑셀로 만든 HTML 문서를 확인할 수 있습니다. 내부 소스를 살펴보면 HTML 태그(tag)를 사용해 엑셀에 기록한 내용들이 자동으로 코딩되어 있는 것을 확인할 수 있습니다.

　개인 컴퓨터에 저장한 파일의 단점은 작성한 파일이 내 컴퓨터 하드디스크에 갇혀 있다는 점입니다. 문서를 열심히 작성하고 저장했는데 파일이 삭제되거나 유실된 슬픈 경험을 누구나 한 번쯤은 겪어 봤을 것입니다. 파일을 잃어버리는 경험을 하고 싶지 않다면, 작업한 문서를 여러 저장 매체에 백업해야 합니다. 그리고 개인 컴퓨터에 저장된 파일을 누군가에게 공유하려면 원본 파일을 주기보다는 파일을 복사해서 전송하는 것이 제일 안전합니다.

　하지만 이렇게 노력해도 개인 컴퓨터 환경에는 변수가 많습니다. 바이러스에 노출될 위험이 크고, 하드웨어인 하드디스크가 고장 날 수도 있고, 개인의 부주의로 파일이 삭제될 수도 있습니다. 그래서 고래가 생존을 위해 바다를 선택한 것처럼, 우리의 문서도 생존하기 위해 새로운 곳을 선택하게 됩니다. 보다 자유로운 곳, 바로 '인터넷'이라는 바다입니다.

≫ 인터넷으로 간 문서 HTML

초등학교 시절, 필자의 아버지는 한글 프로그램으로 시를 쓰셨습니다. 저도 종종 아버지의 시를 읽었는데, 참 좋은 기억으로 남아 있습니다. 그러던 어느 날, 갑자기 아버지의 컴퓨터가 고장이 났고 결국 문서를 복구하지 못해 아버지의 시를 다시는 읽을 수 없게 되었습니다. 만약 그 문서들이 아버지의 컴퓨터에만 갇혀 있지 않고 인터넷으로 갔다면, 분명 많은 사람들을 위로하는 글이 되었을 텐데 아쉽다는 생각을 자주 합니다.

문서는 개인의 좁은 컴퓨터에서 넓은 인터넷으로 확장되어 요즘은 인터넷 블로그에 글을 쓰는 시대가 되었습니다. 필자의 아버지도 '다음 카페'에 가입해 다시 좋은 글을 쓰기 시작하셨습니다. 온라인으로 간 문서는 인터넷이라는 무한한 공간에 참여하고 공유되어, 언제 어디서든 다른 누군가가 볼 수 있게 되었습니다.

인터넷으로 간 HTML은 더 많은 것을 할 수 있게 되었습니다. 단순히 글자만 입력하는 문서의 기능을 벗어나 온라인으로 접속 가능한 홈페이지를 만들거나 은행 업무, 취업 활동 그리고 물건 구매까지 할 수 있습니다. 인터넷으로 간 문서는 지금 이 순간에도 바다로 간 고래처럼 계속해서 발전하고 있습니다. 지금부터 필자와 함께 문서의 진화 과정을 느끼고 체험해 보시기 바랍니다.

COMMENT

"HTML은 좁은 컴퓨터를 벗어나 인터넷으로 향한 고래입니다."

아이언맨 슈트와 HTML의 발전

》 토니 스타크 슈트의 탄생

영화 〈아이언맨〉의 주인공 토니 스타크는 괴짜 천재 과학자입니다. 특히 그가 자체 개발한 슈트는 그를 멋진 영웅으로 만들어 주었죠. 시리즈를 거치면서 이 아이언맨의 슈트는 발전을 거듭합니다. 〈아이언맨 1〉에서 나온 최초의 슈트는 기본 구조만 있는 고철 덩어리였습니다. 투박하고 총알이 관통되지 않는 강철 외형에 수동 소형 로켓, 화염방사기 발사 기능이 탑재되었습니다. 토니 스타크는 그 슈트로 하늘을 잠시 날 수 있었지만, 곧바로 땅에 떨어지면서 슈트가 고장이 나 버립니다. 그렇게 슈트의 첫 번째 프로토 타입은 끝이 났죠.

그로부터 10년 후 〈어벤져스: 엔드게임〉은 아이언맨 토니 스타크가 마지막으로 출연하는 영화입니다. 10년이라는 시간 동안 영화 속 과학은 발전했고, 아이언맨은 나노 입자 기술을 활용한 슈트를 개발합니다. 용도에 맞게 자유자재로 변형이 가능한 슈트입니다. 팔이 검이나 방패가 되고 로켓 추진기로 바뀌기도 하는, 정말로 상상 속에서나 가능한 과학 기술입니다. 심지어 엄청난 힘을 가진 타노스라는 괴물과의 일대일 싸움에서도 타노스에게 상처를 낼 만큼 강력한 기능을 자랑합니다. 그리고 그는 슈트의 힘을 빌려 세상을 구합니다(스포일러는 여기까지!).

> **TIP | <!DOCTYPE html>**
> HTML 코드 상단에 <!DOCTYPE html>을 입력하면 해당 문서는 HTML5로 작성되었음을 알려 줍니다.

아이언맨

» 팀 버너스 리가 탄생시킨 HTML

팀 버너스 리

웹에도 아이언맨의 슈트처럼 천재들에 의해 오랜 시간 동안 계속 발전하고 있는 멋진 언어가 있습니다. 바로 HTML입니다. 영화 〈아이언맨〉에 '토니 스타크'가 있다면 우리에게는 '팀 버너스 리(Timothy John Berners Lee)'가 있습니다. 이 컴퓨터 과학자는 1991년에 약 20개의 태그를 사용하는 최초의 HTML을 탄생시켰는데, 이것이 바로 프로토 타입의 시작입니다. 그리고 1993년, 드디어 'HTML 1.0'이라고 불리는 DTD(Document Type Definition) '1.0' 초안이 발표됩니다.

빌게이츠(Bill Gate)의 '윈도우95(Windows95)'가 대히트한 1995년~1997년, HTML은 2.0 버전이 등장했으며 넷스케이프와 익스플로러가 브라우저 전쟁을 하고 있을 때, HTML은 여전히 발전하고 있었습니다. 정보 전달 위주의 HTML이 좀 더 예쁜 디자인의 화면을 구성하고 싶어 하던 때입니다. 마치 옷이 몸을 보호하기 위한 용도에서 패션으로 발전한 것처럼 HTML도 사용자를 자극할 만한 멋이 필요했습니다. 그래서 1997년 1월, HTML 3.2 버전에 글자 스타일을 멋지게 바꿀 수 있는 <font> 태그가 포함되었습니다.

1997년 12월, 4.0 버전이 되면서 HTML은 혁신적인 발전을 이룹니다. 1999년 4.1 버전이 나오면서 비주얼 태그를 모두 CSS(Cascading Style Sheets, 웹 문서의 전반적인 스타일을 미리 저장해 둔 스타일 시트)로 나누기 시작하고, 오랫동안 이런 형태로 웹이 발전합니다. 정보를 담는 것뿐만 아니라 화려한 스타일까지 신경 쓸 수 있게 된 것입니다. 하지만 모질라(Mozilla), 애플(Apple), 오페라(Opera) 등 웹브라우저 업체들은 기존의 HTML에 한계가 있다고 느끼고 새로운 웹 문서화를 위한 표준안에 관심을 두기 시작했습니다.

　HTML 표준화 작업을 담당하는 W3C는 xHTML에 온통 정신이 팔려 있었습니다. 이때 웹의 토니 스타크, 팀 버너스 리가 다시 등장합니다. 2007년 HTML 워킹 그룹을 다시 신설하고, 차세대 웹문서 표준안 개발에 박차를 가한 결과 2014년 10월 28일, 아이언맨의 나노 슈트처럼 최신 버전의 HTML 5.0 버전이 탄생합니다. 웹문서를 작성하는 마크업 랭귀지(Markup Language)에서 DOM API(문서 객체 모델) 스펙을 포함하게 되면서 프로그램으로 가능하던 일들을 웹으로 가져가게 되고, 당시 문제가 많았던 '어도비 플래시(Adobe Flash)'나 '실버 라이트(Microsoft Silverlight)'를 대체할 수 있게 하여 호환성 문제를 해결합니다. 그리고 HTML 5 기술로 거의 모든 것을 구현할 수 있는 완전히 새로운 모습이 되었습니다. 웹을 위한 최신 슈트가 탄생한 것입니다.

≫ 발전하는 HTML

　초기의 HTML은 단순히 정보를 보여 주는 표와 다를 바 없었습니다. 하지만 지금은 HTML 5 기술로 웹에서 워드를 작성하고, 동영상을 편집하고, PC 프로그램을 설치해서 작업해야 했던 것들을 브라우저를 통해서 할 수 있게 되었습니다. 그리고 지금도 기술은 계속 발전하고 있습니다. HTML은 웹 프로그래밍의 가장 기초적이고 쉬운 언어지만, 사실은 가장 복잡하게 진화하고 있습니다.

　아이언맨의 슈트처럼 HTML이 과연 어디까지 발전할지 기대해 보는 것도 HTML과 친해지는 방법이 아닐까 생각합니다. 앞으로 HTML이 어떻게 진화해 갈지 코딩을 배우면서 상상의 나래를 펼쳐 보는 건 어떨까요? 개발자는 새로운 것을 연구하고 시도하는 직업입니다. 컴퓨터 사양이 발전하는 것처럼 프로그래머도 죽는 순간까지 새로운 기술을 받아들이며 배워야 합니다. 그러니 우리도 HTML처럼 끊임없이 성장하는 개발자가 됩시다.

COMMENT

"과연 HTML은 미래에 어디까지 발전할까요?"

http 프로토콜과 2개의 슬래시 '//'
사람이 만든 가벼운 규칙

》 지퍼

    1893년 미국 시카고의 '휘트컴 저드슨(Whitcomb Judson)'은 움직여 여닫을 수 있는 금속 잠금장치를 개발합니다. 이는 갈고리 모양의 금속과 금속이 맞물리는 원리로, 평소에 몸을 굽혀 군화끈 매는 것을 매우 불편해했던 그가 복잡한 끈 대신 한 번에 신발을 조일 수 있는 방법을 고안한 것입니다.

    20년 후, 기드온 선드백(Gideon Sundback)이 휘트컴 잠금장치의 문제점을 개선하여 현대의 지퍼를 개발합니다. 그리고 여닫을 때 나는 '지잎(zip)' 소리를 본떠 '지퍼(Zipper)'라는 상표를 등록합니다. 개발자가 자신이 제품의 소리를 듣고 만든 의성어가 현재 우리가 실생활에서 사용하는 단어가 된 것입니다. 청바지를 입을 때 고장 나면 곤란해지는 그 지퍼가 맞습니다.

    인류의 생활을 바꿔 놓은 발명품들도 가끔은 이렇게 큰 고민 없이 가벼운 마음으로 지은 이름이 지금까지 사용되는 고유명사가 되기도 합니다. 전 세계인들이 얽혀 있는 또 하나의 세상인 웹에서도 이렇게 개발자가 큰 의미 없이 시작한 규칙이 지금까지 이어져 온 경우가 있습니다.

≫ http://

바로 'http://'에서 사용하는 2개의 슬래시 '//'입니다. 코딩에서 이 2개의 슬래시는 '주석'을 나타냅니다. 파이썬(python)에서는 '정수 분할 연산자'를 의미하고, '펄(Perl)'에서는 '정규식 일치 작업'을 할 때 사용하기도 합니다. 하지만 웹을 접속하는 URL에서는 어떤 의미와 기능이 있는지 도통 알 수 없습니다. 그러나 이제는 이런 의문도 들지 않을 정도로 우린 이미 너무나 자연스럽게 이 슬래시를 사용하고 있습니다.

다행스럽게도, 브라우저의 발전으로 인해 지금은 사이트에 접속할 때 이 7글자나 되는 문자를 입력하지 않아도 됩니다. 크롬(chrome)이나 익스플로러(explorer), 파이어폭스(firefox), 오페라 같은 대표적인 브라우저들은 기본적인 편의 기능을 제공합니다. 홈페이지 주소를 입력하면 자동으로 URL 앞에 "http://" 혹은 "https://"를 삽입해 주는 것이죠. 이러한 기능에도 여전히 우리에겐 2개의 비스듬히 누워 있는 막대기(//)와 http 프로토콜은 익숙합니다. 그렇다면 이 익숙함을 제대로 이해하기 위해, 우린 멀지 않은 과거로 돌아가 보겠습니다.

》http 프로토콜의 탄생

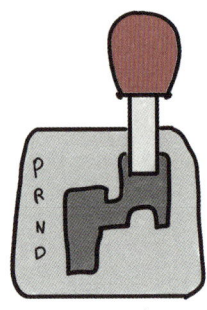

과거 대다수의 자동차는 수동 변속기를 사용했습니다. 이것을 선택 기어식 변속기, 스틱 트랜스미션이라고도 하는데, 지금도 1종 보통 면허를 따기 위해서는 이 어렵고 복잡한 기어를 연습해야 합니다. 수동 기어의 가장 큰 특징은 운전자가 직접 기어를 변경해야 한다는 것입니다. 느린 구간에서는 1단으로 서행하고, 고속도로에서는 빠르게 주행할 수 있도록 6단으로 변경해야 합니다.

이런 불편함을 보완한 것이 바로 자동 변속기입니다. 자동 변속기는 운전자가 기어 변속, 클러치나 변속 레버를 직접 조작하지 않고 액셀과 브레이크의 조작을 읽어 자동으로 속도와 구동력을 변속하게 해 줍니다. 이와 같이 기존의 불편함을 편리함으로 바꾸기 위해 http가 탄생한 것입니다.

1990년대에는 음악, 이미지 등의 파일을 보낼 때 'FTP 방식'을 사용했습니다. 혹은 텔넷(Telnet)을 이용해 메시지를 주고받거나 채팅을 하던 시절도 있었습니다. 이처럼 데이터를 다루는 형식에 따라 그에 걸맞는 접속 규칙을 찾아야 하는 불편함이 있었죠. 하지만 이렇게 용도에 따라 나누어 사용하는 불편함을 해소하기 위해 사람들은 통합적 기능을 하는 프로토콜을 개발하였고, 그것이 바로 'http 프로토콜' 방식입니다.

팀 버너스 리는 HTTP를 고안했을 때 2개의 슬래시라는 규칙을 붙이게 된 이유에 대해 "아무 이유 없다"라고 말했습니다. 미국 워싱턴 심포지엄에 참석한 그는 "포워드 슬래시는 사실 불필요하다. 당시에는 그게 좋은 생각인 줄 알았다"며 아쉬움을 토로했습니다. 이 불필요한 규칙 때문에 사용자가 손가락을 더 움직이고, 잉크와 종이가 낭비되는 것에 대한 안타까운 마음을 표현한 것입니다. 하지만 지퍼라는 이름이 우리의 입에 너무나 익숙해져 버린 것처럼, 개발자가 고안한 이 방식과 모양은 우리에게 이미 너무나 친숙해졌습니다.

≫ 새로운 도전을 꿈꾸며 만드는 규칙

웹과 프로그래밍을 공부할 때, 문법과 네이밍 공부는 빠질 수 없는 중요한 내용입니다. if와 같이 익숙한 단어부터, 프로그래머를 괴롭히려고 만든 것 같은 난해한 문법(Esoteric programming language)까지 다양한 것이 존재합니다. 그러나 사실 이 난해한 문법들 또한 사람이 만든 규칙입니다. 결국 사람이 만든 규칙을 배우고 나아가 더욱 편하게 발전해 가는 것이 프로그래밍입니다. 가끔 IT가 어렵고 복잡하다고 느껴질 때, 누군가의 도전으로 인터넷이 만들어졌던 것처럼 지금 우린 누군가의 고귀한 노력에 기대어 공부한다고 생각해 보는 건 어떨까요? 그리고 그다음엔 우리가 그 누군가가 되어 새로운 도전을 꿈꿔 보는 것은 어떨까요?

COMMENT

"2개의 슬래시로 시작하는, 거미줄처럼 연결된
HTTP라는 세상을 누려 보세요."

태그로 배우는 친절한 의사소통

≫ 의류 태그

옷을 구매하기 전 꼭 확인하는 것들이 있습니다. 첫 번째는 브랜드입니다. 나와 잘 맞는 의류 브랜드는 개성 있는 스타일링을 하는 데 도움이 됩니다. 두 번째는 소재입니다. 저는 피부에 자극을 주지 않는 원단 소재를 즐겨 입는데, 천연섬유라서 흡수성과 통기성이 뛰어나고 몸에 닿는 느낌이 좋기 때문입니다. 그리고 세 번째는 가격입니다. 아무리 좋은 옷이라도 가격이 비싸면 부담이 되기 때문에 저는 비싼 옷 한 벌보다 저렴하고 예쁜 옷 세 벌을 알뜰하게 사서 입습니다.

의류점에는 수천, 수만 벌의 옷이 진열되어 있습니다. 그 안에서 우리가 원하는 브랜드와 소재, 가격을 찾기 위해서는 하나만 확인하면 됩니다. 바로 바로 옷의 태그입니다. 태그에는 의류의 브랜드, 소재, 가격, 그리고 세탁에 필요한 모든 설명이 기록되어 있습니다. 옷의 사이즈, 세탁 방법, 건조 방법 그리고 사용 가능한 세제까지. 옷 한 벌에 대한 정보를 이 태그 안에 기록하기로 약속했으며, 구매자에게 필요한 정보를 요약하여 간략하게 표시하는 역할을 합니다.

만약 옷을 구매할 때 이 태그가 없다면 어떤 일이 일어날까요? 옷마다 사용하는 표기법이 제각각 다를 것입니다. 그렇게 되면 매번 정보를 볼 때마다 새로운 내용의 표기법을 익혀야 할 것입니다. 만약 태그가 없다면 굉장히 복잡한 쇼핑이 되겠죠?

》 친절한 소통

태그는 옷뿐만 아니라 우편물, 택배 등 화물의 분류나 송수신인, 취급 방법 등을 나타내는 인식표였습니다. 생산자와 소비자를 효과적으로 연결하는 이 작은 정보의 규칙은 HTML에서도 문법적인 키워드로 문법적인 표현을 할 수 있게 도와주는 역할을 합니다. 생활에서도 유용하게 쓰이는 태그가 HTML에서도 아주 훌륭하게 사용되고 있습니다.

손세탁   세탁망 사용

값 비싼 울니트와 캐시미어로 만든 옷은 세탁이 중요합니다. 30도 이하의 미지근한 물에 중성세제를 풀고, 손으로 조심스럽게 세탁하는 것이 좋습니다. 만약 세탁기 이용 시에는 세탁망에 의류를 넣고 울코스 같은 전용 모드로 부드럽게 세탁해야 하는데, 그렇지 않으면 옷감이 심하게 변형되어 못 입게 되는 경우가 있습니다. 그래서 의류 태그에는 그에 맞는 세탁 방법을 표시합니다. HTML도 마찬가지입니다. 코딩을 할 때 사진이 필요한 곳에는 이미지(img) 태그를, 영상이 필요한 곳에는 비디오(video) 태그를 사용합니다. 태그를 브라우저가 인식하여 그에 걸맞은 모드로 변환합니다. 이미지 태그에 담긴 내용은 사진을 보기 좋게 보여 주고, 비디오 태그에 담긴 영상은 동영상 플레이어를 준비합니다. 만약 태그가 없었다면 사용자는 매번 HTML을 확인할 때마다 그에 걸맞은 방법을 스스로 찾아야 했을 것입니다. 이처럼 태그를 좀 더 넓은 의미로 표현하자면 생산자와 소비자, 개발자와 사용자가 만들어 가는 친절한 소통 방식입니다.

》저자의 태그 교환

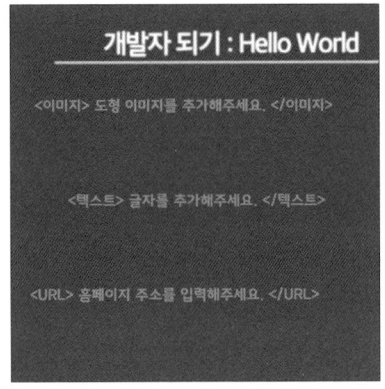

저자 태그 교환

이번에는 출간하는 과정을 한번 보겠습니다. 저자가 쓴 원고가 마무리되고 1차 교정교열 작업이 끝나면, 편집 디자인 작업에 들어갑니다. 표지와 내지 디자인 시안을 저자에게 보내면 저자는 자신의 의견을 덧붙여 피드백을 합니다. 이때 필요한 것이 바로 태그입니다. 보내 온 시안을 검토하고 저자의 의견을 담을 때 정확한 피드백을 위해 태그에 내용을 담아 보냅니다. 글자를 표현해야 하는 부분은 '텍스트(text)' 태그를, 그림을 보여 줘야 하는 부분은 '이미지(img)' 태그를, 목록을 보여 줘야 하는 부분은 리스트(list) 태그를 달아서 피드백합니다.

책의 각 페이지를 하나의 웹페이지로 생각해 볼까요? 각 페이지마다 이미지를 어디에 넣고, 텍스트를 어디에 넣을지를 바로 알 수 있도록 태그에 내용을 담습니다. 출판사의 편집 디자이너는 태그를 보고 글과 이미지를 어떻게 배치해야 하는지 알 수 있습니다. 이게 바로 태그의 역할입니다.

》태그

태그의 사전적 의미는 '어떤 표시를 하기 위해 붙인 꼬리표'입니다. 기본 형태는 '< >'이며 시작 태그와 종료 태그의 쌍으로 구성됩니다. 예를 들어 살펴보겠습니다.

<title> 제목이 들어갈 자리 </title>

이 태그는 HTML 문서의 제목을 정해 주는 태그로, 꺽쇠 안에는 해당 페이지를 나타내는 내용의 제목이 들어갑니다. 필자가 작성하고 있는 이 글에 title 태그를 추가한다면, <title>옷 태그로 태그 설명하기</title> 정도가 될 것입니다. 그러면 필자가 작성하고 있는 이 글의 제목은 '옷 태그로 태그 설명하기'가 됩니다. 여는 태그와 닫는 태그 사이에 원하는 문장을 넣는 간단한 규칙, 이 규칙만으로 태그 작성이 가능합니다.

태그 사용 시 몇 가지 권장 사항이 있습니다. 먼저 태그는 대소문자를 구분하지 않지만 보통은 소문자를 사용합니다. 그리고 보통은 여는 태그와 닫는 태그가 쌍으로 구성되지만, 닫는 태그가 없는 태그도 일부 존재합니다.

이것을 셀프 클로징(self-closing)이라고 표현합니다. 대표적인 셀프 클로징 태그는 줄 바꿈 태그입니다.

```
<br />
```

엔터 값을 대신하는 이 태그는 닫지 않아도 존재할 수 있기 때문에 위와 같이 작성합니다. XHTML에서는 self-closing 문법을 강제화했지만, HTML 5에서는 마지막에 "/"를 넣어서 닫아 주지 않아도 사용이 가능한 규칙이 있습니다.

≫ 태그는 친절한 소통을 위한 규칙

태그는 친절한 소통 방법입니다. 무언가 강제하기보다는 이렇게 만들어 가자는 규칙의 의미가 강합니다.

이와 같이 HTML을 구성할 때 태그는 친절한 이정표가 됩니다. 사이트를 개발하는 프로그래머에게는 '이 부분은 이렇게 만들자'는 신호이자 지켜야 할 규칙이며 중심을 잡게 하는 가이드 지도와 같습니다.

COMMENT
"오늘부터 태그라는 규칙을 두고 살아가 보는 건 어떨까요?"

코딩을 위한 피칭 연습 'HTML 코딩 사이트'

≫ 피칭 투구

야구 경기에 앞서 투수들은 연습 피칭을 합니다. 연습 피칭을 통해 몸을 풀고, 자신의 컨디션이나 포수와의 호흡을 체크합니다. 사이 영 상(Cy Young award)을 수상한 야구선수 더그 드라벡(Doug Drabek)은 독특한 피칭 루틴을 가진 선수입니다. 16미터와 21미터 거리에서 가볍게 캐치볼로 42번의 공을 주고받습니다. 그리고 마지막으로 인코스와 아웃코스로 직구를 던진 후 마운드에서 내려와 경기 준비를 마칩니다.

투수들은 저마다의 방법으로 경기 전에 공을 던져 보면서 실전에서 실수하지 않도록 컨디션을 가다듬습니다. 대부분의 야구선수는 경기 전 연습 피칭을 할 때 실전에 가까운 공을 던지게 됩니다. 그리고 이런 연습은 경기에서 승리할 수 있도록 도움을 줍니다.

》코딩 피칭

　개발자가 코딩을 입력하는 모습은 투수가 포수에게 공을 던지는 모습과 비슷합니다. 알맞은 코드를 컴퓨터에게 던지면 컴퓨터가 오류 없이 해석해서 원하는 실행 과정을 얻습니다. 하지만 실수를 하면 스트라이크(strike)가 아닌 볼(ball)이 됩니다. 실투가 많아서 볼이 많아진다면, 다시 한번 자세와 방법을 가다듬을 필요가 있습니다.

　좋은 경기력을 보이기 위해서는 수백, 수천 번의 투구를 이어 가야 합니다. 마찬가지로 좋은 프로그램을 만들기 위해서는 수백, 수천 번 코드를 컴퓨터에게 던지는 과정이 필요합니다. 연습 없이 바로 운영 서버에 소스를 던지면 실수를 했을 때 다양한 문제가 생길 수 있기 때문에 프로그래머는 먼저 코딩을 연습하고, 여러 차례 검증해서 완성한 코드를 실제 서버에 반영합니다. 이런 충분한 연습 피칭은 오류 없는 코드를 던지기 위함이며, 이때 개발자들이 연습하는 공간을 '개발환경'이라고 말합니다.

≫ 코딩 연습 사이트 'CodePen'

코드 펜(Code Pen)은 2012년에 알렉스 바스케스(Alex Vazquez), 팀 사밧(Tim Sabat), 크리스 코이어(Chris Coyier)에 의해 만들어진 코딩 연습 사이트입니다. HTML, CSS 및 JavaScript 코드를 즉석에서 테스트하고 다른 사람과 공유할 수 있습니다.

HTML은 프로그램을 설치하지 않아도 쉽게 연습할 수 있습니다. 가상 기초적이고 쉬운 프로그래밍 언어이기 때문입니다. 사이트에 접속해 웹에서 연습이 가능한데, 그중에서도 무료이면서 사용하기도 편리한 코드 펜을 추천합니다. 이 책의 모든 예제도 이 사이트에 펜(pen)을 만들어 공유하고 있으니 사이트에서 즉석으로 코드를 만들어 보세요. 결과를 바로 확인할 수 있습니다. 피칭 연습을 할 수 있는 최적의 환경으로, 이곳에서는 실수를 한다 해도 투수의 연습구처럼 다시 자세를 잡고 제대로 던지면 됩니다. 그러니 겁먹지 마시고, 이곳에서 코드를 던지는 연습을 많이 해 보시기 바랍니다.

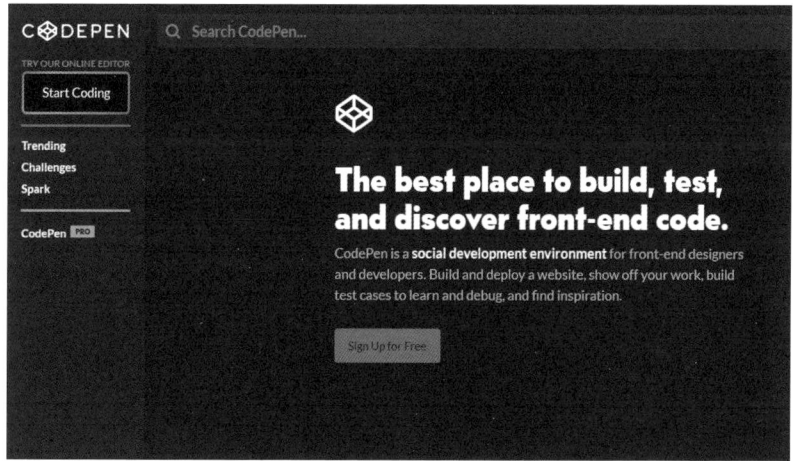

코드 펜 메인 화면 (출처: codepen.io)

≫ 이론보다 중요한 실전 연습

이 책에서 다루는 소스들을 꼭 코드 펜에서 실습해 보시기 바랍니다. 아무리 야구 경기를 많이 보고, 이론을 공부해도 직접 해 보지 않으면 야구 실력은 전혀 늘지 않습니다. 코딩도 마찬가지입니다. 직접 코딩을 해 보면서 많은 실수를 해야 개발 능력이 향상됩니다.

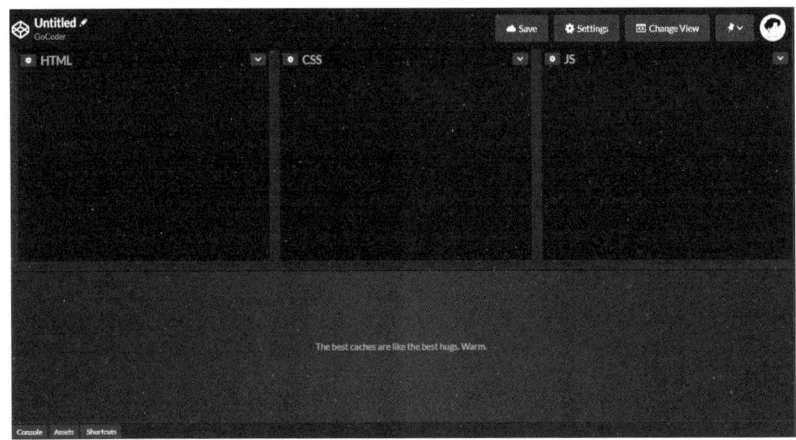

코드 펜 (출처: codepen.io)

COMMENT

"좋은 코드를 작성하기 위해 피칭 연습을 많이 하세요.
실전에서의 완벽한 경기를 위해 흘린 땀은 그대로 나의 실력이 될 것입니다."

≫ MEMO

쉽게 이해하는 HTML 입문서

어려운 코딩 없이

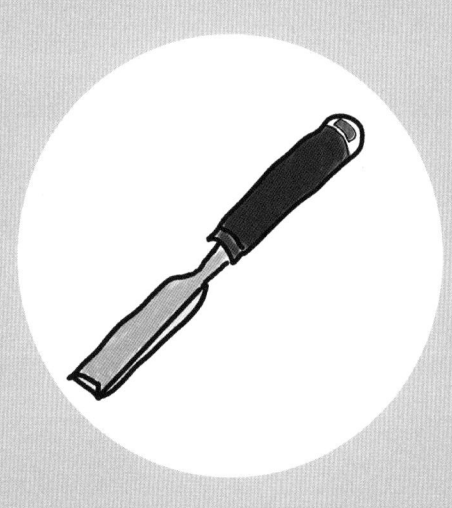

이야기로
다가가는
HTML

2장

머리(head) 부분

생각의 핵심을 담는다 헤드 태그 <head>

≫ 좀비와 사람의 차이

　머리는 거울이 없다면 평생 볼 수 없었겠지만, 우리 몸에서 가장 중요한 부위 중 하나입니다. 건강한 몸을 가졌다 해도, 생각을 하지 못하고 움직이기만 한다면 좀비에 불과합니다. 그렇기 때문에 뇌는 인간의 생각과 철학을 담는, 즉 인간을 살아 움직이게 만드는 중요한 코어(core)가 아닐까 생각합니다.

　인간과 좀비를 구분하는 기준은 무엇일까요? 바로 '생각'입니다. 물론 출퇴근 길, 초점없는 눈으로 힘겹게 회사와 집을 오가는 우리의 모습이 정처 없이 흐느적거리며 떠도는 좀비의 모습과 비슷해 보이기도 하지만 좀비는 인간과 달리 아무 생각 없이 움직입니다.

　그렇다면 HTML은 좀비와 사람 중 무엇에 가까울까요? HTML을 단순하게 보면 그저 영문으로 된 태그만 나열되어 있기 때문에 아무 의미나 생각이 없는 좀비와 비슷하다고 생각할 수 있지만, 오히려 HTML은 인간의 모습과 흡사합니다.

≫ 헤드 태그

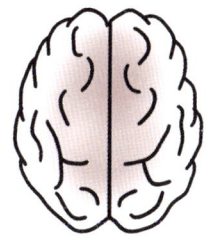

    HTML은 인간과 좀 더 가까워지기 위해서 노력했습니다. 그리고 재미있는 상상력을 동원했습니다. 그 덕분에 HTML 문서의 기본 구성은 재미있고 이해하기 쉽게 개발되었습니다.

    예를 들어 머리가 사람의 신체 부위 중 가장 위에 있듯, 머리를 의미하는 '헤드 태그(<head>)'도 HTML 맨 위에 선언됩니다. 그리고 그 아래는 몸을 나타내는 '바디 태그(<body>)'가 따라 옵니다.

    헤드 태그는 문서에 관한 기본 생각을 담는 영역으로, 인간의 뇌와 비슷한 역할을 합니다. 그리고 헤드 태그에 담긴 생각이 해당 HTML에 지대한 영향을 미치는 것도 실제 우리의 뇌와 비슷하죠. 헤드 태그는 사용자 눈에는 보이지 않습니다. 사람도 상대방의 생각을 알고 싶다면 대화나 질문을 해야 합니다. 겉으로 알 수 없는 고유한 특성은 내면을 들여다봐야 하죠. 헤드 태그 역시 코드를 열어 보거나, 페이지를 클릭해서 작동과 움직임을 제대로 관찰하지 않으면 알 수 없습니다. 따라서 개발자가 아닌 일반 사용자들은 헤드 태그에 관심이 없습니다. 마치 누구나 뇌가 있지만, 사람들이 서로의 머리에 뇌가 있는지 궁금해서 엑스레이를 찍어보지 않는 것처럼, 헤드 태그 역시 일반 사용자들이 매번 찾아보고 확인하진 않지만 아주 자연스럽게 웹을 구성하는 역할을 담당하고 있습니다.

≫ 헤드 태그 선언

```
<html>
    <head> 머리 선언! </head>
</html>
```

위처럼 '<head>' 라는 키워드가 문서 맨 위에 선언되고, 그 아래로는 활동에 필요한 태그들이 구성됩니다. 헤드를 작성할 때 사람의 신체라고 생각하면서 구조를 완성해 나가면 이해하기 쉽습니다. 그런데 HTML은 기형적인 구조를 만들어도 오류가 나지 않고 실행되는 특징이 있습니다. 머리와 몸통의 위치가 바뀌어도 동작을 합니다. 하지만 이는 표준이 아니기 때문에 좋은 코드가 될 수는 없습니다. 물론 오류는 나지 않지만, 이렇게 표준으로 문서를 작성하지 않으면 나중에 코드에서 문제가 생겼을 때, 문제를 바로 찾기가 쉽지 않습니다. 그렇기 때문에 우린 표준대로 <head>를 맨 위에 선언해야 합니다. 인간을 포함한 대부분의 동물은 머리가 몸보다 위에 있습니다. 뇌에서 시작한 생각이 흘러 육체를 지배하듯 HTML도 헤드에서 생성된 문서의 기본 구조를 관장하는 역할을 합니다. 그렇기 때문에 헤드 태그를 가장 위에 선언하면 됩니다.

≫ 헤드의 구성요소

헤드 요소를 교과서적으로 정의하면 '문서의 메타데이터(metadata)의 집합'입니다. 즉, 문서를 정의하는 기본을 말합니다. 다시 말하면 이 페이지는 어떤 특성이 있고, 어떤 역할을 할 것이고, 어떤 기능으로 동작할 것인지 생각을 잡아 주는 역할을 합니다. 그렇다면 이 안에는 어떤 요소들이 있을까요? 문서의 제목을 다루는 '〈title〉 태그', 메타 정보를 담는 '〈meta〉 태그', 스타일 시트를 다루는 '〈css〉 태그', 마지막으로 자바스크립트를 다루는 '〈script〉 태그' 등이 있습니다. 이들이 모여서 헤드를 구성합니다.

```
<!DOCTYPE html>
<html itemscope itemtype="http://schema.org/WebPage" lang="ko">
▼<head>
    <meta charset="UTF-8">
    <meta content="origin" name="referrer">
    <meta content="/images/branding/googleg/1x/googleg_standard_color_128dp.png" itemprop="image">
    <link href="/manifest?pwa=webhp" crossorigin="use-credentials" rel="manifest">
    <title>Google</title>
    <script src="https://apis.google.com/_/scs/abc-static/_/js/k=gapi.gapi.en.vQjXR…/sv=1/d=1/ed=1/rs=AHpOoo-w8rxojAJAWI5rmBYJx
    </script>
  ▶ <script nonce="QLtrGN+9JHYMcUNYVdAfhQ=="></script>
  ▶ <script nonce="QLtrGN+9JHYMcUNYVdAfhQ=="></script>
  ▶ <script nonce="QLtrGN+9JHYMcUNYVdAfhQ=="></script>
    <script defer src="/xjs/_/js/k=xjs.s.ko.,M_uRNa-RhI.O/m=cdos,dpf,hsm,jsa,d,csi/am=QBFAAA.AgUysnACEABA/d=1/ed=1/dg=2/br=1/rs
```

인터넷에서 가장 똑똑한 머리를 가지고 있다는 구글의 '헤드 태그'
(구글 헤드 - 출처: 구글)

이런 요소들은 페이지 전반에 영향을 끼치며, 이 영역에 정의된 사항은 페이지 동작에 많은 영향을 끼칩니다. HTML이 가지고 있는 이 뇌는 개발자에게 어떤 방식으로 코딩을 이어 나가야 할지 가이드를 주기도 합니다. 그리고 검색엔진에는 해당 페이지에 어떤 데이터가 있는지 먼저 살펴볼 수 있는 정보를 제공합니다. 만약 홈페이지를 만들었는데 이 태그가 없다면 생각 없이 몸만 둥둥 떠다니는 좀비스러운 사이트가 완성됩니다. 그렇게 되지 않기 위해서는 헤드를 충실히 구성해야 합니다.

TIP | 개발자 도구

브라우저에서 제공하는 '소스 보기'와 '개발자 도구' 기능을 통해 사이트의 헤드 태그 소스를 확인할 수 있습니다. 키보드에서 단축키 'F12'를 눌러 보세요.

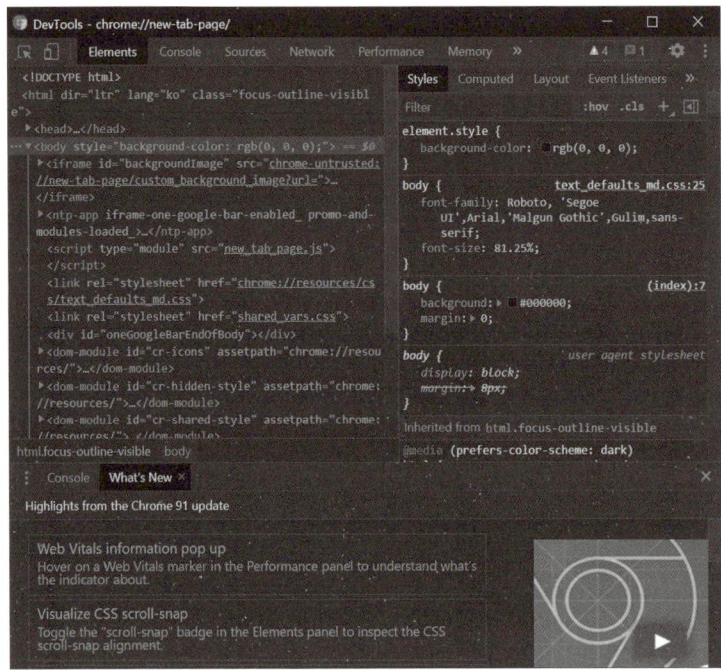

브라우저 개발자 도구

≫ 헤드는 곧 생각

　필자는 퇴근길에 서점에 들러 책 한 권 읽고 오는 것을 좋아합니다. 책 한 권을 읽는다는 것은 누군가의 지식 세계, 하나의 새로운 우주를 들여다보는 것과 같습니다. 모든 내용을 기억할 순 없지만 작가가 남긴 생각과 철학을 느낄 수 있습니다. 웹사이트도 마찬가지입니다. 모든 홈페이지는 한 권의 책처럼 저마다의 개성과 특징을 담고 있는데, 그것을 일목요연하게 요약해 둔 장소가 바로 헤드입니다. 헤드를 통해 온라인 페이지의 특징을 확인하고, 내가 만들 페이지의 특징도 정의해 보시기 바랍니다.

COMMENT

"헤드 태그에 담긴 특성처럼 독자분들도
생각을 정리해 보시기 바랍니다."

head 태그

'헤드 태그'는 눈에 보이지 않습니다.
실습 환경에 아무것도 나타나지 않았다면 정상입니다.
가볍게 눈으로만 확인하고 넘어가도 좋습니다.

한 줄로 요약해 드립니다 타이틀 태그 <title>

≫ 칭찬은 고래도 춤추게 한다

　《칭찬은 고래도 춤추게 한다》의 원서 제목은 사실 《Whale done》입니다. 이 책이 처음 한국어판으로 출간되었을 때의 제목은 《You Excellent: 칭찬의 힘》이었는데, 시장에서의 반응은 싸늘했습니다. 그래서 출판사는 좀 더 재밌고 직관적인 제목을 고민하기 시작합니다. 그 결과 책의 키워드 단어 '고래'와 '칭찬'을 조합한 《칭찬은 고래도 춤추게 한다》가 출간됩니다. 반응은 뜨거웠습니다. 2002년에 출간된 이 책은 2018년에 120만 부 판매 기념 에디션이 출간되었고, 책 제목을 딴 'OO는 OO도 춤추게 한다.'라는 유행어가 나오기도 했습니다. 이 책의 사례는 제목이 내용만큼 중요하다는 것을 알게 해 줍니다.

　책의 제목은 서점에서 독자의 선택을 이끌어 내는 중요한 역할을 합니다. 출간이 임박하면 저자와 출판사 모두 책 제목 때문에 머리를 싸맵니다. 기술 블로그와 브런치에 글을 기고하는 필자에게도 제목을 짓는 일은 전쟁입니다. 가끔은 본문을 써 내려가는 것보다 글의 제목을 정하는 데 더 많은 노력과 시간을 쏟기도 합니다. 아무리 좋은 글이라도 초반에 이목을 끌지 못하면 그 글을 읽으러 들어오는 사람조차 없기 때문입니다. 이렇듯, 제목은 짧은 문장으로 대상을 짐작하고 기대감을 갖게 만드는 힘이 있습니다.

≫ 제목이 되는 타이틀 태그

HTML로 만든 결과물은 하나의 작품이 됩니다. 필자는 웹페이지를 디지털로 쓴 온라인상의 책으로 비유하곤 합니다. 웹페이지의 내용을 한 줄로 요약하는 역할을 하는 태그가 바로 '타이틀 태그'입니다.

타이틀 태그 탭

인터넷에 접속해 브라우저 상단을 확인해 보면 접속한 사이트에서 제공하는 제목이 브라우저 탭(Tab) 영역에 노출되어 있습니다. 이게 바로 현재 접속한 페이지를 요약한 제목입니다. 만약 제목을 지정하지 않으면 콘텐츠의 가장 윗부분 내용이 임의로 표시됩니다. 별것 아닌 것처럼 보이는 이 제목은 정말 중요하게 쓰이고 있습니다.

앞서 서점에서 독자들이 제목만 보고 책을 고르는 경우도 있다고 하였습니다. 인터넷을 사용하는 독자 또한 마찬가지입니다. 그들도 제목만 보고 내가 탐색할 페이지를 고릅니다. 바로 '검색엔진'이라는 서점에서 그런 일들이 펼쳐집니다.

구글에서 '고코더'를 검색한 결과

전 세계에서 가장 큰 검색엔진인 '구글'이라는 서점이 있습니다. 여기서 '고코더' 라는 키워드로 검색을 해 보겠습니다. 그러면 익숙한 검색 결과가 노출됩니다. 자세히 보면 검색된 페이지마다 굵은 글씨로 요약이 되어 있습니다. 이 부분이 해당 페이지를 대표하는 제목입니다. 즉, 타이틀 태그를 사용해 지정한 이름은 검색 결과에 반영되어 사용자가 정보를 고르는 데 가장 중요한 역할을 하는 한 줄이 됩니다. 그렇기 때문에 타이틀은 HTML 페이지를 대표하는 제목이라고 할 수 있습니다.

≫ 타이틀 태그 선언

`<title> 제목 </title>`

타이틀 태그를 만드는 방법은 매우 단순합니다. title이라는 태그 사이에 텍스트로 내용을 입력하면 해당 페이지를 나타내는 대표 제목이 됩니다. 브라우저 최상단에서 사용자가 한눈에 확인할 수 있는 페이지의 제목이자, 구글이라는 서점의 검색 결과에서 사용자가 찾아볼 수 있는 제목이 되는 것입니다.

```
<html>
    <head>
        <title> 제목 </title>
    </head>
</html>
```

책에서는 제목과 부제를 따로 정할 수 있지만 웹페이지에서는 타이틀 태그를 한 번만 선언하면 됩니다. 책 제목이 앞표지에 위치하는 것처럼 타이틀 태그도 위치를 지켜 줘야 하는데, 헤드 태그 안에 제목 태그를 선언해야 합니다.

페이지마다 다른 제목을 지을 수도 있습니다. 그런데 하나의 홈페이지에는 보통 수십 개에서 수만 개의 URL이 존재합니다. 코딩 시 페이지마다 어울리는 제목이 노출되도록 개발하는 것도 중요합니다. 즉, 모든 페이지에 적절한 제목을 심는 것은 좋은 사이트를 만드는 방법 중 하나입니다.

구글 지도에서 '비제이퍼블릭'을 검색한 결과

제목 태그를 잘 사용한 예를 보겠습니다. 지도 서비스에서 특정 지역을 검색할 때 가장 중요한 정보는 무엇일까요? 바로 검색에 사용하는 '검색어'입니다. 그러므로 제목이 될 만한 내용도 역시 검색어입니다. 구글 지도 서비스에서 '비제이퍼블릭'을 검색했습니다. 크롬 브라우저 탭의 제목이 검색어인 '비제이퍼블릭'으로 변경됐습니다.

서점에 가면 이목을 끄는 제목이 독자를 유혹하듯 HTML도 마찬가지입니다. 검색엔진은 제목이 없는 사이트를 싫어합니다. 사용자 역시 제목 없는 사이트를 신뢰하지 않습니다. 표준이 아니라고 판단하기 때문입니다. 필자도 페이지의 제목이 지정되어 있지 않거나, 엉뚱한 값이 노출되는 사이트를 보면 완성도가 부족하다는 생각을 합니다. 그만큼 제목 태그는 중요합니다.

≫ 우리의 삶에 제목 태그 붙이기

　제목 때문에 많은 고민을 할 때가 있습니다. 마땅한 제목이 떠오르지 않아 글을 다 쓰고도 마무리를 하지 못하거나, 반대로 좋은 제목이 떠올라 한 번에 글을 이어 갈 때도 있습니다. 제목은 바쁜 일상을 보내는 사람들을 붙잡는 매력이 있는, 마법 같은 한 줄입니다. 마치 카페에 들어서기 전 문을 열 때 첫인상이 느껴지듯 말입니다. 아무리 중요한 일을 해내도, 모든 걸 다 잘해도 이 기본을 놓쳐서는 안 됩니다. 우리 인생에서도 정말 기본적인 것을 잊고 살아가고 있지는 않은지 의심이 들 때, 우리의 삶에 제목 태그를 붙여 보세요.

COMMENT

*"우리가 가고 있는 길에 대해
제목 태그를 지어 보는 건 어떨까요?"*

title 태그

'타이틀 태그'는 대략 60자를 넘지 않아야 합니다. 길어지면 검색엔진과 브라우저에서 노출되는 제목이 축소되어 보입니다. 적당한 타이틀을 만들어 보세요.

추상에서 실재로 메타 태그 <meta>

≫ 추상 미술의 거장, 마크 로스코(Mark Rothko)

마크 로스코의 <untitled(무제)>

왼쪽의 그림은 뉴욕 현대 미술관에 걸려 있던 한 작품입니다. 형태는 단순하고 그저 위아래로 대강 색을 칠해 놓은, 그림이라기보다는 '도화지에 쏟아부은 색채 덩어리'라는 표현이 더 알맞은 것 같습니다. 추상미술을 부자들이나 즐기는 눈먼 돈을 모으는 방법이라고 비판하는 사람들도 있습니다. 하지만 많은 관람객이 이 그림 앞에서 명상하듯 자리를 떠나지 못합니다. 큐레이터의 말에 따르면 가끔은 이 그림을 보고 눈물을 흘리며 주저앉는 사람도 있다고 합니다. 저도 한참 그림에 집중하다 어느새 스며든 복합적인 감정에 잠식되어 버렸던 기억이 있습니다.

추상 미술을 처음 접하는 사람들의 감정은 아마도 '난감'일 것입니다. 사실 이해할 수 없는 게 당연합니다. 이런 기법은 구체적인 형상이나 묘사를 나타내는 것이 아닙니다. 작가의 생각에서 비롯된 시점으로 특정한 상을 추려내서 점, 선, 면, 색처럼 순수한 형태의 흐름으로 그려 낸 것이 바로 추상화입니다. 그렇다면 이 복잡한 미술 작품을 조금이라도 이해하기 위해 가장 처음 해야 할 일은 무엇일까요? 바로 해당 그림의 '메타데이터'를 확인하는 것입니다.

앞서 소개한 그림은 마크 로스코의 〈untitled(무제)〉라는 작품입니다. 추상표현주의의 거장이라고 불리는 이 작가는 러시아 태생의 미국 국적을 가진 유대인입니다. "나는 추상주의자가 아니다. 나는 색채와 형태, 혹은 그 밖의 어떤 것과의 관계 따위에는 관심이 없다. 내가 관심을 가지는 것은 오직 비극, 엑스터시(ecstasy), 운명 등 기본적인 인간 감정의 표현이다. 그러므로 당신이 내 작품의 색채 관계에만 감동을 받는다면, 그것은 요점이 빗나간 것이다." 로스코는 자신의 그림을 통해 인간의 기본적인 감정을 전달하려고 했고, 그림 앞에서 울음을 터트리는 관객처럼 그 자신도 똑같은 종교적 체험을 한다고 합니다. 결국 이 그림을 통해 얻을 수 있는 건 시각적 즐거움이 아닌 관객 내면의 감정을 느끼는 것입니다.

≫ 메타데이터

메타데이터는 다른 데이터를 설명해 주는 역할을 합니다. 즉, 일정한 규칙에 따라 효율적으로 콘텐츠에 부여하는 정보입니다.

```
<meta name="author" content="마크 로스코" />
<meta name="keyword" content="감정, 색채, 단순함" />
<meta name="description" content="추상미술, 내면의 감정으로 바라보는 미술" />
```

마크 로스코 그림을 메타데이터로 정의해 보았습니다. 이름, 키워드, 설명 등의 일정한 규칙의 정보를 콘텐츠에 부여해 사용자가 쉽게 정보에 접근하고 이해할 수 있습니다. 이 데이터만으로 화가의 모든 의도를 알 수는 없지만 어려운 추상화를 조금이나마 이해할 수 있게 도와줍니다. 이것이 바로 메타데이터의 역할입니다.

저자의 마크 로스코 풍 그림

> **TIP | 메타데이터의 정의**
>
> 카렌 코일(Karen Coyle)은 메타데이터를 "어떤 목적을 위해 만들어진 데이터(Constructed data with a purpose)"라고 정의했습니다.

» HTML의 메타 태그

 HTML 페이지를 하나의 예술작품이라고 생각해 봅시다. 전 세계에는 저마다 다른 방식과 개성으로 만들어진 약 18억 개의 사이트가 있습니다. 사이트의 정보를 알아내기 위해서는 매번 홈페이지를 구석구석 살펴봐야 합니다. 하지만 HTML은 이런 불편함을 해소하기 위해 '메타 태그'를 만들어 놓았습니다.

```
<html>
<head>
<title>HTML 메타 태그란</title>
 <meta charset="utf-8">
 <meta name="description" content="해당 페이지에 대한 설명">
 <meta name="subject" content="태그의 속성">
 <meta name="classification" content="html">
 <meta name="keywords" content="키워드">
 <meta name="robots" content="ALL"> <!-- 모든 검색엔진에게 정보를 열람 하게-->
</head>
</html>
```

'메타 태그'의 예제 소스입니다. 이렇게 메타데이터를 만들어 놓으면 해당 페이지를 이해하기 어려운 사람이나 더 자세한 정보를 알고 싶은 사람에게 큰 도움이 됩니다. 마치 마크 로스코의 그림을 설명하는 기록처럼 말이죠. 그리고 검색엔진은 이 메타 정보를 살펴보고 페이지에 대한 정보를 얻어 갑니다. 따라서 아무리 사이트를 잘 만들었어도 메타데이터가 허술하다면 가치를 인정받기 어렵습니다.

≫ 지식에 관한 지식, 메타

'meta'는 그리스어로 '넘어서', '위에 있는', '초월하는' 등의 의미를 가진 접두사로 '지식에 관한 지식' 정도로 해석할 수 있습니다. 이 메타라는 단어가 폭넓게 사용되면서, 심리학에서는 '메타인지'라는 단어가 생겨났습니다. 메타인지를 쉽게 설명하자면 '자신이 학습하는 부분에 대해 얼마만큼의 지식과 능력을 가졌는지 아는 능력'입니다. 두루뭉술하게 넘어가는 것이 아니라, 내가 무엇을 알고 모르는지 명확히 구분하여 정확하게 평가하는 것입니다. 우리의 삶도 그렇습니다. 자기 자신을 정확하게 메타데이터로 설명할 수 있다면 삶을 보다 깊은 관점에서 이해할 수 있고, 살아가는 데 큰 힘이 될 것입니다.

　코딩 공부도 마찬가지입니다. 그저 소스코드 몇 가지를 따라가는 것이 아니라 개념에 대한 정확한 이해가 필요합니다. 그리고 부족한 부분을 깨우쳐 학습해야 합니다.

COMMENT

"우리 주변의 정보를 메타데이터로 정의하여,
그것을 깊이 이해하는 경험을 해 보세요."

meta 태그

'메타 태그'는 컴퓨터에게 알려 주는 정보입니다.
문서의 속성에 대해 작성합니다.

디자인 철학을 말하다 스타일 태그 <style>

≫ 디자인 철학

애플의 사과 로고

    로고의 힘은 대단합니다. 한입 베어 먹은 사과를 보면 자연스럽게 아이폰을 만드는 기업, 애플(Apple)이 떠오릅니다. 세계에서 가장 유명하고 비싼 사과가 아닐까 싶습니다. 애플은 첨단 기기에 감성을 더하는 아름다운 디자인으로 유명합니다. 필자는 구글을 워낙 좋아해서 안드로이드 기기를 쓰고 있지만, 아이폰에서 느껴지는 감성은 언제나 아름답다는 생각을 합니다.

    애플사의 로고가 만들어지게 된 계기에 대한 정확한 이유는 알려지지 않았습니다. 대신, 사과 농장에서 일하던 스티브 잡스가 농부 생활을 청산하고 돈이나 벌자는 의미로 만들었다는 설, 비틀스 음악을 담당하던 애플 레코드라는 음반회사의 영향을 받았다는 설, 에덴동산에서 지혜를 상징하는 '한 입 베어 먹은 사과'를 로고로 만들었다는 설, 스티브 잡스가 존경하던 컴퓨터과학자 앨런 튜링이 자살했을 때 그의 곁에 있던 사과를 본떠 만들었다는 설 등 여러 추측만 있을 뿐입니다. 어떤 이유든, 차가운 전자기기에 감성이 스며들게 하는 힘이 있습니다. 이것이 바로 '디자인의 힘'입니다.

건물을 짓기 시작할 때 땅을 다진 후 철근 콘크리트로 뼈대를 세우는 골조 공사를 합니다. 이때까지는 모든 건물의 모양새가 다 비슷합니다. 하지만 기초 공사가 끝나면 디자이너의 철학을 본격적으로 드러내는 때가 옵니다. 바로 외관을 꾸밀 때입니다. HTML에서도 기초 공사가 끝나면 디자인 작업을 거치는데, 이 부분을 담당하는 태그가 바로 '스타일 태그'입니다.

» CSS와 스타일 태그

스타일 태그는 CSS와 깊은 관련이 있지만 여기서는 오롯이 HTML 구조 중 하나인 '스타일 태그'에 대해서만 다룰 예정입니다. 사전지식이 조금이라도 있는 독자들은 둘의 관계를 이해하기 쉽겠지만 비전공자에게는 혼란을 가중하는 요소이기 때문입니다.

» 스타일 태그 선언

디자인은 신체 모든 곳에 적용이 가능합니다. 사람은 저마다의 패션 감각이 있습니다. 화려한 색을 좋아하는 사람, 힙한 스타일로 치장하는 사람, 모던한 스타일을 좋아하는 사람 등 다양한 디자인 감각이 자신만의 생각 속에 있습니다. 스타일을 정립한 후에는 자신에게 맞는 옷을 구매합니다. 그렇게 해서 고를 수 있는 아이템은 아마도 수백만 가지가 될 것입니다.

HTML 또한 모든 부분에 디자인을 입히고 꾸밀 수 있습니다. 그리고 이 디자인 철학을 헤드 안에 선언된 '스타일 태그'를 통해 정할 수 있습니다. 스타일 태그를 이용해 페이지를 디자인해 보겠습니다.

》내부 선언(internal css)

```
<html>
<head>
<style type="text/css">
body {
        background-color: #F2794A;
}
</style>
</head>
</html>
```

내부 선언이란 HTML 안에서 직접 스타일 시트(CSS)를 작성하는 방식인데, 옷을 손수 만드는 과정에 비유할 수 있습니다. 뜨개질로 목도리를 만드는 것처럼, 필요한 디자인 요소를 스스로 만드는 과정입니다. 예시 코드처럼 '헤드 태그'에 스타일 시트인 CSS를 코딩합니다. 이곳에 코드를 입력함으로써 바디 태그 안에서 디자인 감각을 뽐낼 수 있습니다.

실행 화면

예제 코드는 '바디 태그'의 배경색을 주황색으로 설정했습니다. 필요한 기본적인 디자인을 '헤드 태그' 안에서 만들어 적용했습니다. 'background-color'를 주황색으로 코딩했기 때문에 주황색 바탕화면이 나타납니다.

'<type>'이라는 속성은 '미디어 타입'을 지정하는 값입니다. 현재는 'text/css' 속성 값만을 지원하고 있지만, 웹 기술과 스타일 표현 방식이 발전한다면 이 타입에 새로운 값들이 추가될 수 있습니다.

≫ 외부 스타일 시트(External style sheet)

```
<html>
<head>
  <link rel="stylesheet" href="style.css">
</head>
</html>
```

스타일 태그 사용 시 가장 많이 사용되는 방법은 외부의 CSS 파일을 가져오는 것입니다. 실제로 옷이 필요할 때 우리는 보통 자신과 잘 어울리는 제품을 만드는 매장에서 기성품을 구매합니다. 이처럼 스타일 태그도 잘 만들어진 스타일 시트 파일을 외부에서 가져와 사용합니다. 이러한 도구들을 'CSS 프레임워크'라고 부릅니다. 전문 디자이너의 도움을 받아 HTML을 꾸미는 것으로, '링크(link) 태그'는 다음 장에서 자세히 다루겠습니다.

TIP | 대표적으로 사용되는 외부 스타일 시트 프레임워크

① Twitter Bootstrap: http://bootstrapk.com/
② ZURB Foundation: https://foundation.zurb.com/
③ Bulma: https://bulma.io
④ Skeleton: http://getskeleton.com/
⑤ CardinalCSS: http://cardinalcss.com/
⑥ ConsiseCSS: http://concisecss.com/
⑦ Toast: http://daneden.github.io/Toast/
⑧ Furtive: http://furtive.co/
⑨ Mueller: http://muellergridsystem.com/

》 웹의 접근성을 높인 스타일 태그

　스타일 태그 덕분에 웹을 좀 더 총체적이고 새로운 관점으로 바라볼 수 있게 되었으며, 사이트 탐색의 질 또한 높아졌습니다. 최초의 HTML은 머릿글자 20개의 요소로 이루어진 단순한 구조였지만 디자인의 중요한 요소인 독창성이 새로운 가치를 만들었습니다. 그리고 기술의 발전과 더불어 화려하고 멋진 디자인이 지금의 HTML을 완성시켰습니다.

COMMENT

"스타일 태그는 HTML의 가치를 끌어올립니다."

실습 코드에서 색상 코드를 변경해서 나만의 HTML 문서를 만들어 보세요. 색상 코드 대신 'red', 'blue' 등 영어로 대신하여도 좋습니다.

style 태그

스타일리스트를 모십니다 링크 태그 <link>

≫ 1차원 실이 모이면 2차원 면이 된다?

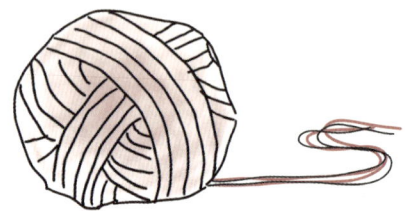

여기 가느다란 실 한 줄이 있습니다. 이 얇고 약한 한 가닥은 바람에 날아가면 흔적도 없이 사라집니다. 그리고 두 손가락으로 끝을 비비다 보면 어느새 풀어져 먼지가 될 정도로 얇아져 바닥에 흩어집니다. 과학 다큐멘터리에서는 실을 1차원 세상과 비유하기도 합니다. 가장 단순한 형태로 표현하는 것입니다. 하지만 쓸모없어 보이는 이 실과 뜨개질이라는 기술이 만나면 전혀 다른 모양과 형태의 물건이 완성됩니다. 겨울철이 되면 지루한 시간을 달래기 위해 뜨개질을 하는 분들을 가끔 볼 수 있습니다. 현란한 기술로 대바늘 2개를 마치 드럼 치듯 비트를 타면서 실을 엮어 내면 모자나 양말같이 추운 날 꼭 필요한 물건들이 만들어집니다.

링크는 '연결'이라는 뜻으로, 둘 이상이 뒤섞인 상태를 말합니다. 링크는 한정된 지면을 초월하는 능력을 가집니다. 하나의 HTML 페이지는 어쩌면 쓸모 없는 종이 한 장과 다를 게 없을 수도 있습니다. 하지만 실을 엮어서 복잡한 형태의 목도리를 만들 듯 HTML도 링크로 연결해 다른 것들을 끌어와 공간을 뛰어넘는 확장성을 가질 수 있습니다. 이것이 바로 연결의 힘입니다.

'연예인 코디'는 과거 의상만 골라 주는 역할을 했지만, 요즘은 옷뿐만 아니라 헤어, 메이크업 등 전체적인 스타일을 책임지는 '스타일리스트'로 불립니다. 연예인들도 스스로 스타일을 꾸미는 충분한 능력이 있겠지만, 패션에 대한 전반적인 지식과 기술을 갖춘 전문가에게 맡기면 본연의 활동에 더 집중할 수 있을 것입니다. 이는 HTML에서 '링크 태그'를 활용하는 방식과 비슷합니다.

》 링크라는 장롱에 보관하기

　HTML에서 링크로 가져오는 주요 데이터는 디자인을 담당하는 데이터입니다. 그중에서도 가장 핵심은 외부 스타일 시트와 HTML 페이지의 글자 모양을 지정하는 폰트(font), 홈페이지의 대표 아이콘을 정하는 '파비콘(favicon)' 등이 있습니다. 앞에서 예시로 들었던 것처럼, 연예인과 스타일리스트를 떠올리면서 이해하면 쉽습니다. HTML은 사용자에게 보여 주기 위한 구조적인 문서, 즉 뼈대이기 때문에 더욱 멋지게, 화려하게 보이기 위해서는 외부 스타일리스트가 필요할 수밖에 없는거죠. 그리고 옷을 관리하기 위해 수납장을 사서 계절에 맞는 옷을 모아 두는 것처럼, 이런 스타일 정보를 각각 태그라는 장롱에 보관하게 됩니다.

≫ 링크 태그 선언

```html
<html>
   <head>
      <link rel="stylesheet" href="//maxcdn.bootstrapcdn.com/bootstrap/latest/css/bootstrap.min.css"> <!-- 스타일 시트-->
      <link rel="stylesheet" href="https://fonts.googleapis.com/css?family=Tangerine" type='text/css' > <!-- 폰트 -->
      <link rel="shortcut icon" href="favicon.ico"> <!-- 파비콘 -->
   </head>
</html>
```

링크는 헤드 안에 선언됩니다. 그리고 여러 링크의 연결을 동시에 선언하여 가져올 수 있는 특징이 있습니다. 링크 주소를 통해 다른 곳에 있는 요소를 가져와 현재 페이지와 엮어서 하나로 만들 수 있습니다. 실과 실을 엮어서 사용 가능한 천을 만들 듯, 링크라는 태그를 사용해 여러 줄을 엮어 하나의 완성된 페이지를 만들 수 있습니다. 이제 이 태그 안에 가져올 수 있는 데이터를 알아보겠습니다.

첫 번째, 외부 스타일 시트

```html
<link rel="stylesheet" href="style.css"> <!-- 스타일 시트-->
```

앞에서 배운 것처럼 외부에서 잘 만들어진 CSS 파일을 가져와서 사용합니다. 트위터에서 만든 부트스트랩은 웹을 꾸미는 가장 인기 있는 프레임워크입니다. 이를 링크 태그로 가져오면 아주 쉽게 모바일과 PC에서도 잘 보이는 예쁜 디자인을 빠르게 개발할 수 있습니다.

두 번째, 폰트

```
<link rel='stylesheet' href='font.ttf'>
```

폰트는 브라우저에서도 중요한 디자인 요소입니다. 각 사이트의 디자인과 어울려 개성을 나타내는 역할을 합니다. 폰트에 따라 가독성이 달라지기도 합니다. 폰트 역시 외부에서 가져와 링크 태그에 심어서 사용할 수 있습니다. 방법은 스타일 시트와 동일하게, 폰트 파일을 참조하면 됩니다.

세 번째, 파비콘

```
<link rel="shortcut icon" href="favicon.ico"> <!-- 파비콘 -->
```

파비콘은 브라우저 주소창 옆에 노출되는, 사이트를 대표하는 하나의 이미지입니다. 보통은 홈페이지를 운영하는 회사의 로고로 사용합니다. 개인적으로 이 작은 아이콘이 없는 페이지는 신뢰하지 않습니다.

» 좋은 스타일리스트 모시기

필자는 미술을 좋아합니다. 하지만 예쁜 옷을 고르는 일은 잘 못합니다. 그래서 선택한 방법은 유명 SPA 매장에 가서 최신 상품을 구매하는 것입니다. 매장에서 옷을 산다는 건 패션 전문가들을 신뢰한다는 것이고, 그들을 활용하는 최선의 방법입니다. 만약 개발자가 직접 모든 스타일과 폰트까지 만들어야 한다면 아마도 코딩할 것이 너무 많아져서 집에 가지 못할 것입니다. 링크 태그의 훌륭한 섭외 능력 덕분에, HTML 스타일리스트의 도움을 받을 수 있습니다.

COMMENT

"좋은 스타일리스트를 모시는 것도 개발자의 능력입니다."

정상적인 링크가 맞는지 확인하려면 브라우저로 URL에 접속하면 됩니다.

link 태그

역동성을 더해 주는 스크립트 태그 <script>

≫ 전기 자전거

 모터는 전기를 이용하여 회전운동을 만들어 내는 기계의 한 종류를 말합니다. 라틴어로 '움직이다'라는 뜻을 가진 'moto'에서 파생되었습니다. 모터쇼가 자동차 전시회를 가리키는 것처럼, 현대에서는 이 단어를 좀 더 폭넓게 사용하고 있습니다. 전기로 회전하는 모터뿐만 아니라 가솔린, 디젤로 움직이는 엔진 또한 넓은 의미로 모터에 포함됩니다. 이 기계는 커다랗고 무거운 고철 덩어리를 가치 있게 바꿔 줍니다. 자동차에 엔진을 장착하지 않으면 그저 좁은 실내 공간을 가진 고철 덩어리일 뿐이지만, 4륜 구동 엔진을 장착한 차는 빠른 속도로 달릴 수 있는 이동 수단이 됩니다.

 일반 자전거를 '전기 자전거'로 바꾸는 작업을 해 본 적이 있습니다. 과정은 생각보다 단순했습니다. 왜냐하면 해외 직구로 '전기 자전거 개조 키트(kit)'를 구매했기 때문입니다. 이 50만 원짜리 키트에는 '전용 바퀴', '파워팩', '컨버터', '센서' 그리고 모든 과정을 글과 그림으로 설명한 상세한 매뉴얼이 있었습니다. 혼자서 이 모든 것을 해야 했다면 시작도 못했겠지만 전문가가 만들어 놓은 키트 덕분에 더 쉽게 전기 자전거로 바꿀 수 있었습니다.

HTML만 사용한 웹사이트는 움직이지 않습니다. 하지만 여기서 스크립트를 심어 주면 HTML도 움직이고 달릴 수 있게 됩니다. 이번 장에서는 스크립트를 만드는 방법 대신 HTML에서 스크립트 태그가 선언된다는 사실만을 다룹니다. 자전거를 조립하는 장면을 떠올려 보면서 스크립트를 이해해 보세요.

≫ 스크립트 태그 선언

① 외부 자바스크립트(external javascript) 파일 호출하기

```
<html>
<head>
    <script src="script.js"></script>
</head>
</html>
```

'스크립트 태그'를 사용해 외부의 'js'라는 이름의 파일을 호출해 보겠습니다. 이전에 다룬 외부 CSS를 불러오는 링크 태그에서 스타일리스트를 모셔 온다는 표현을 했는데, 여기서는 기술자를 모셔온다는 비유가 정확할 것 같습니다. 해당 태그는 외부의 자바스크립트 파일을 가져오는 태그 선언으로, 외부의 js 파일을 다운로드하여 서버에 위치시켜서 불러올 수 있습니다. 물론 내부 파일도 가져올 수 있습니다. 이 방법처럼 이미 만들어진 기술을 가져오는 것이라면 여러 다른 참조 파일들처럼 헤드 태그 안에 가져옵니다.

② 내부 자바스크립트(internal javascript) 작성하기

```
<html>
<body>
<script>
    alert('스크립트 태그');
</script>
</body>
</html>
```

    스크립트는 바디 태그 안에서도 사용 가능하다는 특징이 있습니다. 어느 위치에 있어도 <script>로 태그를 열어 내용을 기술하고 </script>로 태그를 닫으면 해당 부분은 HTML이 아닌 스크립트 영역이 되어 사이트가 움직이게 됩니다. 다시 말해 멈춰 있는 자전거의 뒷바퀴를 떼어 내 전기 자전거로 바꾸는 과정처럼 스크립트를 열어 해당 부분에 모터를 심어 주는 과정이라고 생각하면 됩니다.

    이런 스크립트를 단 HTML은 역동적이고 파워풀하게 움직이며 웹에서 할 수 있는 모든 것이 가능해집니다. 스크립트는 무엇이든 다 할 수 있는 마법과 같은 부품입니다. 사이트에서 은행 업무를 보고, 채팅을 하고, 게임까지 할 수 있는 것도 HTML에 스크립트라는 '동적 엔진'이 있기 때문입니다.

≫ 멈춰 있는 것에 숨을 불어넣다

필자는 완성된 HTML 페이지에 자바스크립트로 생명을 불어넣듯 생동감을 입히는 코딩을 할 때 재미를 느낍니다. 마치 둥근 칼과 작은 망치로 목각 인형을 만드는 기분이 듭니다. 글을 쓸 때도 비슷한 기분입니다. 혼자 글을 쓸 때는 타인의 의견을 들을 수 없어 마치 모터 없이 파도를 따라 자유롭게 바다를 떠도는 보트가 된 것 같은 느낌입니다. 하지만 원고를 탈고하여 누군가에게 보일 때는 생동감을 느낍니다. 지금도 이 글을 읽는 독자 여러분이, 이 글에 생명력을 불어넣어 주고 있습니다.

멈춰 있는 것을 작동시키는 건 코딩의 기본 과정 중 하나입니다. 하지만 모터를 달기 전까지의 과정에 최선을 다해야 합니다. 기본 구조가 탄탄해야 엔진을 달아도 더 멀리, 빠르게 갈 수 있기 때문입니다. HTML에게 자유를 주는 자바스크립트를 느낄 수 있을 때까지 차근차근 기초부터 따라오시기 바랍니다.

COMMENT

"기술을 심는 스크립트 태그와 글을 담는 HTML의 조합"

script 태그

스크립트는 오류가 발생하면 움직이지 않습니다.
오타가 나지 않도록 천천히 실습해 보시기 바랍니다.

쉽게 이해하는 HTML 입문서

어려운 코딩 없이

이야기로
다가가는
HTML

3장

몸(body) 부분

행동을 담습니다 바디 태그 <body>

≫ HTML을 표현하는 공간, 바디 태그

매트릭스 코드

필자는 주로 주말에 글을 씁니다. 개발자이자 작가인 삶을 살아가기 위한 귀중한 시간입니다. 특히 금요일부터 시작되는 철야 글쓰기는 토요일 해가 떨어질 때까지 이어집니다. 일요일은 웬만하면 간단한 자투리 글만 쓰고 쉬려고 합니다. 일주일 동안 생각한 아이디어들로 집중해서 글을 쓰는 시간은 금요일 저녁입니다. 아무리 좋은 글감이 떠올라도 금요일 저녁 11시에는 꼭 산책을 하는데, 아주 천천히 목적지 없이 약 한 시간 이상을 걷습니다. 이 시간에 활동적으로 몸을 움직여 혈액순환을 시키면 사고력과 기억력, 집중력까지 향상되기 때문입니다. 조 쿠트너(Joe Kutner)의 《건강한 프로그래머》를 읽어 보면 어느 정도 과학적인 방법이 맞는 것 같습니다.

  몸을 움직이면 머릿속 생각이 잘 정리되고, 팝콘이 튀겨지듯 다양한 생각들이 뿜어져 나옵니다. 산책을 하면 머릿속이 비워지고, 다시금 새로운 아이디어를 채울 수 있게 됩니다. 그래서 저는 튼튼한 두 다리와 건강한 육체로 할 수 있는 가장 가볍고 훌륭한 운동인 산책을 좋아합니다. 몸은 머릿속 생각을 실현하는 도구입니다. 창조와 역동을 만들어 내는 것도 결국 몸입니다. 인간의 머리에서 스스로 만들어 낸 프로그래밍도 몸으로 표현 가능합니다. 만약 육체가 없다면 훌륭한 문학가도, 음악가도, 예술가도 존재하지 않을 것입니다.

  HTML에도 훌륭한 기술과 개발자의 생각으로 만든 프로그래밍을 표현할 수 있는 공간이 있습니다. 바로 '바디 태그'입니다. 바디 태그가 없었다면, 영화 매트릭스에서 표현한 가상현실처럼 복잡한 코드가 모니터로 흐르고 그것을 해석하는 인간 세계의 해커들이 있는 순수한 CODE의 세계였을 것입니다. 하지만 다행히도 HTML을 표현하는 공간인 바디 태그가 있어 우리는 아름다운 인터넷 세상을 눈으로 보고 손으로 클릭하며, 온 마음으로 즐길 수 있습니다.

≫ 모든 콘텐츠를 담는 바디 태그

바디 태그는 HTML 문서의 '몸'입니다. 모든 콘텐츠를 담을 수 있는 영역이자, 굉장히 자유로운 공간입니다. 스포츠 선수들이 운동장을 누비며 그들이 짜 놓은 전술과 훈련의 결과로 호흡을 맞춰 경기에 임하면, 관중들은 환호합니다. 개발자들에게도 '바디 태그'라는 경기장이 있습니다. 수만 번의 타이핑과 수천 번의 디버깅으로 만든 개발자의 코딩의 결과물입니다. 사용자들이 포털 사이트에 접속해서 날씨를 보고, 메일을 확인하고, 검색을 하고, 커뮤니티에 접속해 재미있는 이야기를 읽는 것 모두 바디 태그의 결과물이며, 사용자들은 이를 통해 편의와 즐거움을 누립니다.

≫ 바디 태그 선언

```
<html>
    <head> 머리 선언! </head>
    <body> 몸 선언! </body>
</html>
```

바디 태그는 브라우저 화면을 출력하는 역할을 합니다. 그래서 HTML 내에서는 헤드 태그 다음에 선언합니다. 몸통이기에 HTML에서 가장 많은 부분을 차지하며, 우리의 몸처럼 위아래로 아주 길게 늘어져 있습니다. 책의 본문이라고 생각하면 쉽습니다. 프롤로그를 쓰고 본문에 하고 싶은 이야기를 써 내려가듯 개발자들도 이 안에 내용물을 채워 넣습니다. 헤드 태그를 정의하는 이유는 바디에 내용을 채우기 위한 것이라고 해도 과언이 아닙니다.

≫ 애플 홈페이지의 바디 태그

```
▼<body class="page-home ac-nav-overlap body-with-ribbon variant at-element-marker" data-anim-scro
  ▶<aside id="ac-localeswitcher" data-analytics-region="locale switcher" data-analytics-activitym
    <h1 class="visuallyhidden">Apple</h1>
    <meta name="ac-gn-store-key" content="SFX9YPYY9PPXCU9KH">
    <aside id="ac-gn-segmentbar" class="ac-gn-segmentbar" lang="en-US" dir="ltr" data-strings="{ 
    'eduInd': 'Education Store Home', 'other': 'Store Home' } }"></aside>
    <input type="checkbox" id="ac-gn-menustate" class="ac-gn-menustate">
  ▶<nav id="ac-globalnav" class="js touch windows" role="navigation" aria-label="Global" data-hir
    data-store-locale="us" data-store-root-path="/us" data-store-api="/[storefront]/shop/bag/status
    search-defaultlinks-api="/search-services/suggestions/defaultlinks/">…</nav>
    <div class="ac-gn-blur"></div>
    <div id="ac-gn-curtain" class="ac-gn-curtain"></div>
    <div id="ac-gn-placeholder" class="ac-nav-placeholder"></div>
    <script type="text/javascript" src="/ac/globalnav/6/en_US/scripts/ac-globalnav.built.js"></scr
```

애플 홈페이지의 바디 태그

이 몸통 안에는 사용자를 위한 다양한 태그가 모여 있습니다. 주로 사용하는 태그는 `<br>`, `<p>`, `<b>`, `<i>`, `<h1>`, `<a>`, `<img>`, `<table>`, `<div>`, `<span>`, `<ul>`, `<li>`, `<form>` 등이 있으며, 버전에 따라 새로운 태그들이 개발되기도 합니다. 결과를 담아 내는 이 몸통 또한 점점 발전하고 있습니다.

HTML을 배울 때 기술과 요소 모두 중요하지만, 가장 많은 시간을 할애하고 많은 실습을 하게 되는 것이 바로 이 바디 태그입니다. 다른 태그들보다 조금 더 시간을 투자해서 바디 태그와 가까워지기를 추천합니다. 여러분이 필자와 함께 HTML을 공부한 결과가 바로 이곳에서 나타나기 때문입니다.

》 바디 태그에 나만의 감성 담기

'보기 좋은 떡이 먹기도 좋다'라는 속담이 있듯이, 우리는 보기 좋은 것에 더 끌립니다. 웹도, HTML도 감성이 중요한 시대입니다. 개발자들이 높은 난이도의 기술과 새로운 언어를 배우는 것도 중요하지만 사용자를 사로잡을 만한 시각적인 요소를 이해하는 것도 중요합니다. 게다가 요즘은 인문학적 개발에 대한 요구가 많아지고 있으니, '바디 태그'에 담아 낼 나만의 감성은 무엇이 있을지 생각해 보시기 바랍니다.

COMMENT

"개발자가 표현하는 무한한 세계, 바디 태그"

body 태그

'바디 태그'는 사용자가 직접 눈으로 볼 수 있는 영역입니다. 가볍게 글자를 바꿔 보고 변경되는 화면을 확인해 보세요.

개발자에게만 보입니다 'HTML 주석'

≫ 투명 인간같은 주석

투명 인간

여기 투명 인간이 있습니다. 이 존재는 우리 눈에 보이지 않습니다. 분명 존재하고 있지만 아무도 본 적이 없는 이상한 상상 속의 캐릭디입니다. 이 가상 인물은 영화나 소설에서 다양한 역할을 합니다. 미국에서 2000년 ~2002년에 방영한 드라마 <투명 인간>을 보면, 주인공 대리엔은 투명 인간이 되어 범죄 사건을 해결하는 중요한 역할을 합니다. 용의자의 행동을 감시해 증거를 확보하기도 하고, 범인을 체포하기도 합니다. 남들 눈에는 보이지 않지만, 투명 인간은 자신의 존재를 확인하고 싶어 합니다. 그래서 모자와 선글라스를 쓰고 옷을 입고 다니면서 거울에 비친 자신의 모습을 확인하고는 합니다. 생각해 보면 참으로 이상하고 별난 존재입니다.

프로그래밍에서도 보이지 않지만 분명 존재하는, 투명 인간 같은 개념이 있습니다. 바로 '주석'입니다. 정확히 말하면 코드를 작성할 때는 보이지만 이를 해석하는 컴파일러는 볼 수 없습니다. 그리고 소스에서는 존재하지만 화면에서는 사라져 버리는, 프로그램상에 투명한 존재입니다. 아무리 길고 복잡한 코딩을 하더라도 간단한 주석 처리만 하면 순식간에 해리포터의 투명 망토를 두른 것처럼 사라져 버리는 마법과 같은 도구입니다. 이 주석이라는 존재는 프로그램에서 매우 중요한 역할을 합니다. 힌트를 남기고 문제를 해결하기 위한 실마리를 남겨 줍니다. 참 이상하고 별난 코드입니다.

》 HTML에서 주석 사용하기

- 투명 망토를 사용해 감추기

```
<html>
<body>
    <!-- 투명인간 주석 -->
</body>
</html>
```

주석은 HTML에서 보이던 화면을 감쪽같이 사라지게 합니다. 다만 여기서 사라진다는 것이 삭제를 의미하는 것은 아닙니다. 존재하지만 볼 수 없는 SF 영화 속 투명 인간처럼 눈에 보이지 않게 하는 것입니다. 주석을 사용하는 방법은 아주 간단합니다. 그저 '<!-- -->'라는 투명 망토를 둘러 주면 됩니다.

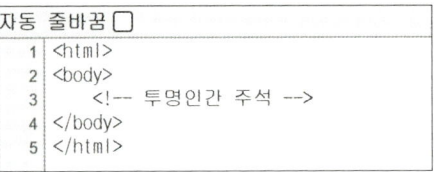

HTML에서 주석 코드

'<!-- -->' 코드 사이에 소스를 입력하면 사용자들이 볼 수 없게 감출 수 있습니다. 사라진 주석은 브라우저의 '소스 보기' 기능을 통해 확인 가능합니다.

》 주석으로 증거남기기

```
<html>
<body>
   <p> 증거 1 </p> <!-- 고코더가 요청해서 작성함 2021.05.01 -->
</body>
</html>
```

주석은 개발자들에게 아주 좋은 메모장이 되기도 합니다. 예를 들면 무언가를 만들어 놓고, 위의 소스처럼 작성한 사람을 적어 놓으면 차후에 이력 관리는 물론, 문제가 생겼을 경우 책임 소재를 가르는 중요한 증거가 됩니다. 마치 투명 인간이 범인을 잡을 때 보이지 않게 관찰하여 증거를 발견할 수 있는 것처럼, 주석도 보이지 않게 프로그램의 설계에 중요한 증거가 되는 것이죠.

```
자동 줄바꿈 □
1  <html>
2  <body>
3     <p> 증거 1 </p>  <!-- 고코더가 요청해서 작성함-->
4  </body>
5  </html>
```

HTML 주석 증거

투명 인간에게 검정 스프레이를 뿌리면 그 모습이 드러나는 것처럼, 주석도 사용자가 조금만 노력하면 투명한 코드를 볼 수 있습니다. 따라서 HTML 주석에 매우 중요한 기밀 사항을 적어 놓는 것은 피해야 합니다.

> **TIP** | 주석을 보려면?
>
> 다른 컴파일 언어와 달리 HTML은 주석을 보는 방법이 있습니다. 윈도우 크롬에서는 Ctrl + U, 맥에서는 Command + Option + i 를 누르면 됩니다. 그리고 익스플로러에서는 마우스 오른쪽 버튼을 클릭해 '소스 보기' 메뉴를 클릭하면 확인할 수 있습니다.

≫ 남모르게 돕는 HTML 주석

 HTML을 만들다 보면 의외로 많이 사용하고 도움이 되는 것이 바로 이 주석입니다. 소스를 삭제하지 않고 잠시 감출 수 있고, 메모를 남겨서 개발을 이어 나갈 수도 있습니다. 시간이 지날수록 빛을 발하는 HTML 소스는 바로 이 주석이 잘 작성되어 있는 파일입니다. 이렇게 주석은 개발자가 개발 과정에서 오랫동안 헤매지 않게 도움을 줍니다.

COMMENT

"주석은 개발자를 돕는 조용한 조력자"

주석은 나와 다른 개발자를 위해 남기는 공간입니다.
마음껏 흔적을 남겨 보세요.

HTML 주석

용도에 맞게 사용합시다 시맨틱 태그 'semantic tag'

≫ 붓을 사용하는 방법

여기 붓이 하나 있습니다. 이 도구의 모양은 대략 이렇습니다. 붓의 아랫부분을 '호(毫)'라고 합니다. 무언가를 묻힐 수 있는 털이 존재합니다. 윗부분에는 손잡이인 '봉(鋒)'이 있습니다. 붓은 크기와 제조 방법에 따라 사용 용도가 완벽히 달라집니다.

'붓' 하면 가장 먼저 떠오르는 것은 그림을 그릴 때 물감을 머금는 '수채화 붓'과 먹물을 머금는 '동양화 붓'입니다. 그 밖에도 음식점에서 요리할 때 사용하는 '주방용 붓', 공사 현장에서 도장 공사에 쓰는 '페인트 붓', 수제화 신발의 밑창을 단단하게 붙이는 '본드 붓', 키보드 사이의 먼지를 터는 '청소 붓', 메이크업에 사용하는 '화장 붓'까지 붓은 다양한 곳에서 사용됩니다.

이렇게 사용 용도에 따라 붓은 이름과 모양새가 조금씩 변합니다. 이유는 의미와 구조를 나누었기 때문입니다. 사실 하나의 붓으로 위에서 열거한 모든 일을 할 수 있습니다. 그림을 그리고 털을 씻어 말린 다음, 위생 관점으로는 말도 안 되지만 요리에 사용할 수도 있고, 본드를 붙이는 데 사용해도 됩니다. 하지만 우리는 분류한 용도에 맞게 붓을 사용합니다. 붓 하나를 여러

용도로 사용하는 것은 비효율적이기 때문입니다.

≫ 시맨틱 태그의 탄생

```
<div id="nav">
  메뉴 영역
</div>

<div id="footer">
  하단 영역
</div>
```

　HTML 5 이전 버전까지는 하나의 요소가 모든 곳에 사용되는 태그가 있었습니다. 하나의 붓으로 화장을 하고, 키보드를 청소하는 것처럼 말입니다. 그 주인공은 바로 디아이브이 태그입니다. 여전히 만능 태그인 디아이브이 태그는 콘텐츠를 분할하고 레이아웃의 틀을 만들 수 있습니다.

　개발자는 디아이브이 태그의 id를 사용해 임의로 사용 목적을 만들 수 있었습니다. 같은 태그지만 개발자가 언제든지 용도 변경할 수 있었죠. 하지만 이런 불편한 구조를 컴퓨터가 쉽게 이해하기 어려워 특정한 태그를 만들어 의미를 부여해 웹페이지를 만들었는데, 이것을 '시맨틱 태그'라고 이름 붙였습니다.

> **TIP** | 'div' 읽는 방법
>
> 개발자들은 'div'를 '디브'나 원래 단어인 '디비젼(division)'으로 읽지 않습니다. 철자 그대로 '디아이브이'라고 읽는 것으로 자연스럽게 고착화되었습니다.

≫ 시맨틱 태그(semantic tag)

```
<header>
<nav>
<section>
<article>
<aside>
<footer>
```

바디 태그 안에 사용되는 '시맨틱 태그'는 6개의 요소로 이루어져 있습니다. 태그의 이름만 봐도 하나의 홈페이지를 상상할 수 있습니다. 시맨틱 요소는 자신의 의미를 직접 확인시켜 줍니다. 그래서 브라우저와 개발자 모두 명확하게 목적을 알 수 있습니다. 시맨틱 태그를 사용하지 않아도 웹사이트는 잘 돌아가고, 구역을 나눠 주는 것 외에 특별한 기능이 있지는 않습니다. 하지만 이렇게 구역을 나누는 것만으로도 통일된 레이아웃 구조를 가진 표준화된 HTML 환경이 조성됩니다.

≫ 시맨틱 태그가 가져온 변화

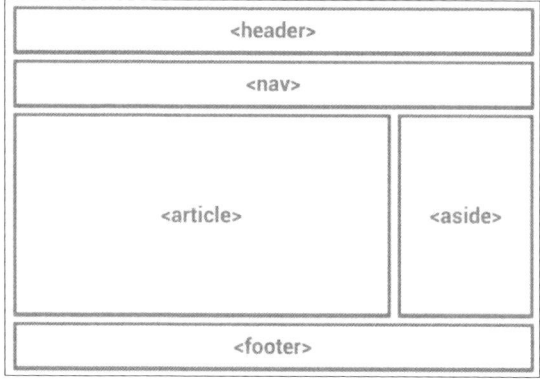

시맨틱 태그 표

시맨틱 태그 덕분에 컴퓨터는 HTML 요소의 의미를 보다 명확히 해석할 수 있게 되었습니다. 또한 데이터를 활용하는 시맨틱 웹이 실현되었습니다. 시맨틱 웹은 수많은 웹페이지에 메타데이터를 부여해 의미와 관련성을 가지는 거대한 데이터 베이스로 구축하고자 하는 발상에서 시작되었습니다.

'HTML 5'가 가져온 가장 큰 변화와 그 핵심 개념이 바로 시맨틱 태그가 아닐까 생각합니다. 개발하면서 그저 단순하게 의미를 부여한 것이지만, 웹은 이제 하나의 통일성을 갖춘 데이터가 되었습니다. 이제는 규칙에 따라 그 목적에 맞게 레이아웃을 만들어서 개발을 진행하세요. 그리고 코딩 역시 각 언어에 맞는 용도와 의미로 깨우치기를 바랍니다.

COMMENT

"의미와 목적을 가진 시맨틱 태그"

semantic 태그

시맨틱 태그는 HTML의 구조를 잡아 주는 중요한 태그이지만, 사용자 화면에는 아무것도 표현되지 않습니다.

헤드라인을 담는다 헤더 태그 <header>

≫ 헤드라인 카피

건반

> "내가 피아노 앞에 앉았을 때 그들은 나를 비웃었다. 하지만 내가 연주를 시작하자(They laughed when I sat down at the piano, but when I started to play)……"
> – 존 케이플즈(John Caples)

전설적인 카피라이터 존 케이플즈가 쓴 미국음악학교(US School of Music) 광고 카피입니다. 그는 헤드라인을 쓸 때 소비자가 충분히 이해할 수 있을 만큼 쉬운 문장을 구사해야 한다고 말하곤 했습니다. 그리고 모든 메시지에는 헤드라인이 있으며, 영상의 경우 첫 시작이 헤드라인이고, 라디오에서 나오는 첫 몇 마디도 역시 헤드라인이라고 말했습니다.

헤드라인은 기사의 요점을 짧게 요약하여 눈길을 사로잡는 역할을 합니다. 신문을 펼쳐 보면 큰 글씨, 짧은 구절의 헤드라인이 눈에 먼저 들어옵니다. 바쁜 직장인들은 이 헤드라인을 보고 신문을 살지 말지를 결정합니다. 인터넷 신문도 역시 마찬가지입니다. 클릭만으로 언제든지 다른 기사로 건너갈 수 있고, 다른 신문 사이트로의 이동도 가능하기 때문에 사용자를 붙잡아 두려면 웹페이지에서도 헤드라인을 잘 뽑아야 합니다.

〉〉 최초의 헤더 태그

http://info.cern.ch

1989년 HTML로 만들어진 최초의 웹사이트에 접속하면 간단한 형식의 홈페이지가 여전히 존재하고 있습니다. 이 사이트의 소스를 살펴보면 재밌게도, 오늘 배우는 헤더 태그(<header>)를 확인할 수 있습니다. 여기서 혼동하지 말아야 할 점은 이전에 배웠던 헤드 태그(<head>)와는 완전히 다른 기능을 제공한다는 것입니다. 헤더 태그는 헤드라인처럼 해당 페이지의 성격을 나타내는 머리글을 다루는 영역입니다. 그 밖에도 회사명, 회사 로고, 메뉴, 검색창 등이 단골 주제입니다.

```
<html>
    <body>
        <header> http://info.cern.ch </header><!-- title 태그가 선언되어 있지만 학습을 위해 삭제-->
    </body>
</html>
```

만약 HTML이 사람이라면 헤더에 담긴 정보는 얼굴 생김새입니다. 인종, 대략적인 나이, 출신을 알 수 있기 때문입니다. 웹페이지에서도 헤더는 첫인상을 주는 영역입니다. 사람들은 헤드라인에 적힌 정보를 읽어 보고 해당 콘텐츠의 소비 유무를 결정한다고 했습니다. 서핑하는 인터넷 사용자들 역시 이 헤더의 내용을 보고 좀 더 살펴볼지 판단할 것입니다.

≫ 올바른 헤더 태그 사용법

```
<header>
    <h1> 내가 HTML을 한다고 했을 때 그들은 나를 비웃었지만 </h1>
    <h2> 내가 코딩을 시작하자... </h2>
</header>
<header> 헤더를 중복으로 사용 가능 </header>
```

'헤더 태그'는 보통 '<h>'와 함께 사용합니다. 그 이유는 간단합니다. 이 태그 역시 시맨틱 태그인데, 의미만 부여되었을 뿐 직접적인 디자인이 존재하지 않고 문장을 강조해서 보여주는 태그와 어울리기 때문입니다. 또한 앞서 배운 '타이틀 태그'와 달리 여러 번 사용이 가능합니다.

내가 HTML을 한다고 했을 때 그들은 나를 비웃었지만
내가 코딩을 시작하자 ...

헤더를 중복으로 사용 가능

헤드라인 실습

신문을 펼쳐 보면 한 면에 여러 헤드라인이 시끄러운 지구의 소식을 전하는 것처럼 한 웹페이지 안에서 헤더 태그를 여러 번 사용할 수 있습니다.

≫ 잘못된 헤더 태그 사용법

```
<header>
    <header> 중첩 사용은 불가능 </header> (X)
    <footer> 헤더 안에 푸터도 사용 불가 </footer> (X)
    <address> 주소 태그도 사용 금지 </address> (X)
</header>
```

헤더를 중첩해서 사용하는 것은 불가능합니다. 그리고 헤더 안에 '푸터 태그(<footer>)'가 오는 이상한 구조를 만드는 것도 지양해야 합니다. 오류가 발생하지는 않지만 문서 구조가 산만해집니다. 마치 신문 헤드라인에 눈길을 끄는 정보가 아닌 신문사 이름, 주소처럼 사소한 정보가 오는 모양새가 됩니다.

> **TIP | <head>와 <header>**
> <head>와 <header>를 혼동하지 마세요. 철자가 다릅니다!

≫ 헤더로 주목 끌기

HTML로 페이지를 만드는 것은 완성된 정보가 담긴 대자보를 만드는 것과 같습니다. 내가 만든 페이지로 사용자들의 눈을 사로잡을 수 있도록 멋진 헤드라인 카피를 만들어 보시기 바랍니다. 그럼 주목받는 웹페이지를 만들 수 있습니다.

COMMENT

"누군가의 시간을 잡아 두는 비법은 바로 헤더 태그입니다."

돋보이는 멘트를 적어 보세요.
그리고 강조된 텍스트를 확인해 보세요.

header 태그

웹의 미디어 아트를 담당합니다 비디오 태그 <video>

》 인터넷으로 들어온 비디오

　HTML 5 버전부터 플래시를 대체하여 영상을 삽입할 수 있는 요소가 탄생합니다. 기존에는 브라우저마다 영상을 보여주는 각기 다른 플러그인과 복잡한 코드가 난무했습니다. 초창기 동영상 사이트들은 플래시 플레이어를 기반으로 개발되었습니다. 하지만 지금은 대다수의 브라우저에서 플래시가 퇴출되었고, 비디오 태그는 동영상을 재생하는 가장 기본적인 방법으로 자리매김했습니다.

　웹에서 영상을 볼 수 있게 되면서, 1인 미디어 혁명이 시작됩니다. 그 중심에는 유튜브가 있습니다. 누구나 영상을 올릴 수 있고, 채널을 운영하며 구독자를 모으고, 시청을 유도하면 그에 해당하는 광고료를 받을 수 있습니다. 많은 초등학생의 장래희망이 유튜버일 정도로 유튜브가 우리 생활의 많은 부분을 바꾸어 놓았습니다.

　초창기 유튜브는 플래시 플레이어(Flash Player)를 사용했는데, 2015년부터는 비디오 태그를 이용하도록 변경됐습니다. 비디오 태그 덕분에 우리는 추가 설치의 작업 없이, 브라우저에서 영상을 볼 수 있게 되었습니다.

TIP | 플래시 플레이어의 서비스 중단
플래시 플레이어는 어도비 시스템즈사의 소프트웨어 플랫폼으로, 2021년 1월 12일자로 지원이 완전히 중단되었습니다.

≫ 미디어 아트

과거와 달리 현대 예술은 다양한 분야의 전문가들이 참여하기도 합니다. 프로그래머, 수학자, 건축가, 엔지니어, CG 애니메이터, 디자이너 등 다양한 분야의 전문가들이 모여 활동하는 팀이 있습니다. 바로 아트 컬렉티브 팀랩(teamLab)인데요, 집단적 창조활동을 통해 예술과 과학 기술의 교차점을 모색하는 혁신적인 아티스트 팀입니다. 이들은 작품을 바라보는 것뿐만 아니라 직접 개입하고 융화되어 자연스럽게 즐길 수 있는 미술의 영역을 알려줍니다.

우리나라의 동대문 디지털 플라자(D.D.P)에서도 이들의 전시를 볼 수 있습니다. 이들의 작품을 보면 머나먼 곳으로 떠난 낯선 발걸음이 마치 미지의 가상 세계를 경험하는 듯합니다. 영상이 하늘과 바닥에서 나타나고, 음악이 감성을 자극하는 전시입니다. 우리는 이런 예술을 '미디어 아트'라고 말합니다.

미디어 아트는 영상을 통해 재현되는 미술입니다. 디지털 기술이 발달함에 따라 예술과 디지털 기술을 접목하여 원작에 더 몰입할 수 있게 역동성과 체험성을 불어넣어, 명화를 간접적으로 경험할 수 있습니다. 이런 방식의 예술은 상대적으로 비용이 적게 듭니다. 만약 피카소 작품을 전시하려면, 작품의 훼손을 막기 위해 무진동 차량과 비행기로 작품을 조심스레 운반해야 합니다. 운송료만 해도 어마어마한 금액이 들겠죠. 그리고 대여료와 보험료까지 수백 억의 비용이 발생합니다.

하지만 디지털 기술을 이용하면 명화를 가져오지 않아도 전시할 수 있습니다. 그리고 한쪽 벽면에 비디오를 재생시켜 많은 수의 관람객이 동시에 볼 수 있습니다. 모나리자라는 작품은 하나지만 미디어 아트를 통해서라면 전 세계 어디서나 누구든지 감상할 수 있습니다. 물론 원화 그대로의 색감과 몰입도, 그리고 희귀성에서 오는 감동은 적다는 단점은 있지만 캔버스에서 벗어난 미술이 영상으로 온 혁명은 누구나 평등하게 예술을 즐길 수 있게 해주었습니다. 이 혁명의 시작은 비디오를 다루는 기술에서 시작되었고, 웹에서는 비디오 태그가 그 주인공이 아닐까 생각합니다.

≫ 비디오 태그 사용법

기본 사용법

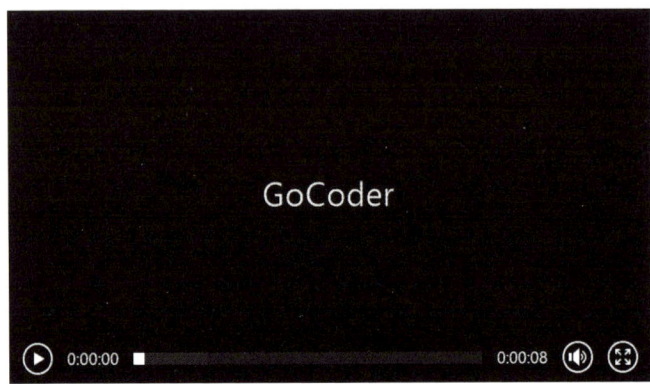

비디오 태그 사용 예시

```
<video src="gocoder.mp4"></video>
```

HTML 5에서 비디오가 태그를 사용할 수 있게 되면서 사용 방법이 간단해졌습니다. 태그를 선언하고 'src'라는 속성에 동영상 위치를 지정해 주면 영상이 재생됩니다. 하지만 비디오 태그는 이외에도 더 많은 옵션을 제공합니다.

옵션 추가하기

```
<video width="250" height="250" controls autoplay muted loop >
    <source src="gocoder.mp4" type="video/mp4">
</video>
```

기본 태그지만 여러 옵션을 통해 동영상 플레이어를 다양하게 조작할 수 있습니다. 다음의 옵션들을 사용하면 동영상 플레이어에 필요한 거의 모든 옵션을 컨트롤할 수 있습니다.

– 비디오 태그의 옵션들

- autoplay: 동영상 자동 재생
- controls: 재생, 정지 등 조작 메뉴 노출
- loop: 동영상 반복 재생
- poster: 동영상 재생 전에 보여 줄 이미지
- preload: 페이지를 열 때 무엇을 로드할지 결정
- auto: 동영상, 메타데이터 모두 로드
- metadata: 메타데이터만 로드
- none: 아무것도 로드하지 않음
- src: 동영상 주소
- type: 동영상 타입

≫ 비디오 태그로 바뀐 영상 문화

　백남준이 미디어 아트를 창시하면서 텔레비전은 뉴스나 쇼 프로그램을 보여 주는 것을 넘어, 예술을 표현하는 방식으로 발전했습니다. 한 사람의 도전이 새로운 장르를 창시했고, 지금도 이 분야는 기술 발전과 함께 더욱 거대하게 확장되고 있습니다. 〈video〉, 다섯 글자의 아주 짧은 태그지만 이 태그가 불러온 변화는 대단합니다. 텔레비전이 없어도, 혹은 그 나라에 살지 않아도 넷플릭스로 전 세계의 드라마를 시청할 수 있는 지금의 우리 모습처럼요.

COMMENT

"비디오 태그가 만든 혁명은 여전히 진행 중입니다."

video 태그

비디오 태그를 작성하면 내장된 플레이어가 자동으로 실행됩니다. 나만의 영상을 HTML 문서에 비디오 태그로 작성해 상영해 보세요.

늘어짐 없는 인터넷 카세트테이프
오디오 태그 <audio>

≫ 카세트테이프 혁명

　1963년 '베를린 전자제품 박람회'에서 세상을 바꿀 물건이 하나 공개됩니다. 바로 휴대용 카세트테이프입니다. 필립스사의 루 오텐스(Lou Ottens)가 얼굴만 한 크기의 '릴 테이프'를 작게 만들어 호주머니에 넣고 다닐 수 있게 만든 것입니다. 이 기술을 고성능화해 대중화시킨 주역은 일본의 '소니'라는 전자 회사로, 1979년 7월 1일, 세계 최초로 카세트테이프를 녹음하고 재생하는 워크맨을 출시합니다. 이 기계는 당시의 음악 소비 방식에 혁명을 일으킵니다. 집이 아닌 길거리에서도 내가 원하는 음악을 가지고 다니며 들을 수 있게 된 것입니다.

　카세트테이프의 검은 필름은 '산화철'이라는 자성 재료를 칠해서 만듭니다. 자석을 금속에 오랫동안 붙여 놓으면 자력이 남는데 이런 원리를 '자화'라고 합니다. 테이프 표면에 전류를 흘려 보내면 미세한 철이 모양을 만들어 음악을 녹음할 수 있습니다. 때문에 테이프를 오래 사용하면 필름이 늘어져 소리가 점점 느려지는 단점이 있습니다.

　그리고 1995년 7월 14일, 'MP3'라는 음원 압축 포맷이 탄생합니다. 카세트테이프가 디지털 파일이 된 거죠. 오래 들어도 늘어나지 않고, 복사가 쉬

우며, 디스크 용량만 크다면 수천 곡을 손 안에 들고 다닐 수 있게 된 것입니다. 워크맨은 사라지고, MP3 플레이어가 새로운 음악 혁명을 불러일으킵니다. 그리고 스트리밍 플랫폼이 개발되면서 파일을 다운로드하며 직접 관리하지 않아도, 클릭 한 번으로 언제 어디서든 음악을 들을 수 있게 됩니다. 이제는 플레이어도 필요 없이, 스마트폰 하나로 인터넷에 접속해 모든 음악을 터치 한 번으로 들을 수 있습니다. 음악이 검은색 쇳가루가 묻은 필름에서 클라우드로 이동한 것입니다.

≫ 오디오 태그의 탄생

HTML에도 음악을 다루는 방법이 있었습니다. 플래시에서 제공하는 기능을 사용하거나, 기타 플러그인을 사용하여 음악을 재생했습니다. 하지만 이런 방법들은 불완전했고, 표준화되지 않은 방식이었습니다. 이후 HTML 5 버전에서 음악을 다루는 전문적인 기술인 '오디오 태그'가 탄생합니다. 오디오 태그를 사용하면 HTML에서 음악을 전문적으로 재생하는 플레이어가 자동으로 생성되어 누구든지 쉽게 웹상에서 음악을 실행할 수 있습니다.

- 오디오 태그가 공식적으로 지원하는 표준 오디오 파일

- **MP3:** Moving Picture Experts Group이 개발, MPEG-1의 오디오 규격의 압축형 파일 형식
- **WAV:** IBM과 Microsoft사가 개발한 표준 오디오 파일 형식
- **Ogg:** Xiph 재단이 개발한, 특허권으로 보호되지 않는 개방형 공개 멀티미디어 파일 형식

≫ 오디오 태그 사용법

```
<audio controls autoplay>
   <source src="/gocoder.mp3" type="audio/mp3">
</audio>
```

오디오 태그 사용 방법은 어렵지 않고, 단순한 기능만을 제공합니다. 예전 소스처럼 오디오 태그를 열고 필요한 속성을 입력하면 인터넷에서 자주 보던 음악 플레이어가 탄생합니다. 소스에서는 재생할 파일을 추가할 수 있습니다.

▶ 0:00 / 0:00  🔊

오디오 태그 플레이

비디오 태그와 달리 소리만을 재생하기 때문에 최소한의 UI를 제공합니다. 그리고 무난한 디자인 덕분에 어디에 위치해도 어울리는 특징이 있습니다. 속성은 자동 재생 여부, 반복 여부, 재생 파일을 미리 불러올지 여부 등 꼭 필요한 옵션을 제공합니다. 비디오 태그와 달리 음악 스트리밍 업체는 이 오디오 태그보다는 자체적으로 만든 프로그램을 사용하여 음악을 전달합니다.

- 오디오 태그 속성

- src: 파일의 경로 명시
- controls: 기본적인 동작을 조절하는 패널 명시
- autoplay: 자동 재생 여부 명시
- loop: 반복 재생 여부 명시
- preload: 파일의 내용을 모두 불러올지 여부 명시

≫ 편리한 세상, 그리운 아날로그

    MP3 파일이 HTML을 만났습니다. 이 둘의 조합으로 인터넷 공간 어디에서도 우린 편하게 음악을 들을 수 있게 되었습니다. 예전처럼 작은 카세트테이프를 들고 다니지 않아도 오디오 태그는 원하는 공간에서 필요한 멜로디를 재생합니다. 하지만 가끔 음악에 묻은 세월이 그립기도 합니다. 오래된 테이프 특유의 노이즈 섞인 소리와 약간 느려진 템포를 통해 얼마나 그 음악을 사랑했는지 알 수 있었기 때문입니다.

COMMENT

"비록 지금은 모든 것이 편리해졌지만 가끔은 카세트테이프를 구매하던 시절이 그리워질 때가 있습니다."

audio 태그

오디오 태그를 작성하면 비디오 태그와 마찬가지로 내장된 플레이어가 자동으로 실행됩니다. 좋아하는 음악 리스트를 HTML 문서로 작성해 간직해 보세요.

홈페이지에서 길을 묻다 네비 태그 <nav>

≫ 나침반

평생을 살아온 동네를 거닐다가도, 방향 감각을 상실할 때가 있습니다. 필자처럼 익숙한 곳도 가끔 낯설게 느끼는 사람들을 '길치'라고 부릅니다. 하지만 이제는 길치도 이런 상황이 더 이상 두렵지 않습니다. 주머니 속에 스마트폰이 있기 때문이죠. 지도 어플을 실행하고 '내 위치' 아이콘을 클릭하면 현재 내 위치가 지도상에 표시됩니다. 덕분에 손가락 하나로 어디든지 헤매지 않고 갈 수 있게 되었습니다. 예전에는 새로운 곳을 여행할 때 헤매는 것도 여행의 한 방식이라고 여겼지만, 지금은 짧은 휴가를 알뜰하게 사용하기 위해 GPS에 의존합니다.

나침반은 지구가 커다란 자석이라는 것을 이용해 만들어졌습니다. 북극의 S극, 남극의 N극 자기장을 이용하여 작은 바늘이 북쪽을 가리키게 개발되었습니다. 이 장난감처럼 생긴 작은 도구는 인류가 더 멀리 배를 몰고 나갈 수 있는 기틀을 마련해 주었습니다. 콜럼버스가 대서양을 횡단할 수 있었던 이유도 나침반 덕분이었습니다. 원하는 방향과 위치를 알면 우리는 많은 시간을 아낄 수 있습니다. 방향과 위치를 알 수 없어 여전히 길을 외우는 방식으로 항해를 해야했다면, 우리의 많은 시간은 아깝게 소비되었을 것입니다.

자동차를 운전할 때 네비게이션은 언제나 최적의 길을 안내합니다. 표시되는 경로를 따라 이동하면 최소의 시간으로 최선의 결과를 얻을 수 있습니다. 그것이 바로 '네비 태그'가 가진 능력입니다.

» HTML의 나침반, 네비 태그

HTML도 웹이라는 거대한 바다를 항해하는 여행자들을 위해, 방향을 안내하는 태그를 개발합니다. 바로 '네비게이션 링크(navigation links)' 태그입니다. 이를 줄여서 '네비 태그'라고 읽습니다. 이 개념은 HTML 5.0 버전에서 탄생했습니다.

사실 이 태그를 사용하지 않아도 사이트는 충분히 동작하지만 네비 태그는 브라우저에게 현재 사이트에 어떤 링크가 있는지 확실하게 알려 주는 역할을 합니다. 또한 사용자에게는 기능들의 위치를 명확하게 알려 주고, 개발자들에게도 해당 태그를 활용해 링크를 관리할 수 있게 해 줍니다.

안내견

네비 태그는 시각장애인들에게도 훌륭한 나침반이 되어 줍니다. '스크린 리더기'는 화면에 나타나는 정보들을 음성으로 출력해 주는 화면 낭독 프로그램으로, 눈으로 활동하는 웹을 음성으로 바꾸어 주는 역할을 합니다. 이때 네비 태그가 훌륭한 안내견 역할을 해 줍니다. 해당 태그는 곧 사이트의 길을 모아 둔 태그입니다. 리더기가 이곳을 안내하고, 강조함으로써 사용자가 길을 잃지 않게 도와줍니다.

》 네비 태그 사용법

```html
<html>
<body>
<nav>
<ul>
   <li>
      <a href="#"> 대메뉴</a>
      <ul>
         <li>
            <a href="#"> 메뉴 1 </a>
         </li>
         <li>
            <a href="#"> 메뉴 2 </a>
         </li>
         <li>
            <a href="#"> 메뉴 3 </a>
         </li>
      </ul>
   </li>
</ul>
</nav>
</body>
</html>
```

거창한 소개에 비해 네비 태그 사용법은 단순합니다. <nav>를 선언하고 안에 태그를 채워 넣으면 됩니다. 이때 리스트를 나타내는 <li>를 사용하는 게 일반적인 방법입니다. 그리고 이 태그는 화면상에 기본 디자인이 존재하는 것은 아닙니다. 단순히 이곳에 메뉴가 있다는 것을 알려 주는 역할만 합니다.

```
• 대메뉴
    ◦ 메뉴 1
    ◦ 메뉴 2
    ◦ 메뉴 3
```

네비 태그 사용 결과

　네비 태그를 사용해도 디자인의 변화는 생기지 않습니다. 소스 보기를 하지 않는 이상 해당 태그들이 네비 태그 안에 속해 있는지 확인하기 어렵습니다. 하지만 앞서 말한 스크린 리더기 같은 프로그램이나 검색엔진은 이를 인식하고 읽어 들입니다. 눈 뿐만 아니라 귀로 웹을 활동하는 사람들을 위해, 보다 좋은 환경의 웹을 제공하기 위해, 네비 태그 안에 페이지 이동과 다른 사이트의 문서로 연결하는 링크를 모아 놓는 습관을 만드시길 바랍니다.

≫ 친절한 이정표

　길을 헤매는 것만큼 당황스럽고 답답한 일이 있을까요? 지하철 환승역에서 갈아타는 곳을 친절하게 안내하는 이정표처럼 홈페이지에 잘 사용한 네비 태그도 사용자들에게 친절한 이정표가 될 것입니다.

COMMENT

"다른 이에게 길을 찾게 해 주는 네비 태그처럼
코딩이 우리의 길을 찾게 해주기를."

사용자에게 길을 안내한다는 생각으로
나만의 네비 태그를 만들어 보세요.

nav 태그

콘텐츠를 독립적으로 다룹니다 아티클 태그 <article>

≫ 독립출판

독립서점

책을 출판하는 방법은 크게 '기획출판', '자비출판', '독립출판'으로 나눌 수 있습니다. 먼저, 출판사에서 일하는 에디터와 작가가 협력하여 책을 만드는 과정을 기획출판이라고 합니다. 지금 읽고 있는 이 책도 '기획출판'에 속합니다. 우리가 흔하게 생각하는 출판의 모습이 이런 형태입니다.

그리고 또 하나의 독특한 출판 방식이 있습니다. 바로 '독립출판'입니다. 독립이란 단어는 음악, 미술, 영화까지 폭넓게 사용되고 있는데, 독립출판은 상업적인 목적에서 조금 벗어나 신선한 기획과 형태로 자신만의 개성을 담은 책을 출판하는 것을 말합니다. 보통은 출판사를 통하지 않고 직접 글을 쓰고 제작합니다.

독립출판은 다양한 사람들의 목소리입니다. 독립출판물을 걱정하는 의견들을 자세히 들여다보면 대략 하나의 의견으로 모아집니다. 바로 '대중성이 떨어진다'는 것입니다. 하지만 독립출판물의 힘은 소수를 위한 주제로 자신이 말하고 싶은 내용을 다루는 '독립성'에 있습니다. 대형 서점이 아닌 작은 서점에서 섬세하게 독자를 만날 수 있는 것 또한 장점입니다. 틀에 얽매이지 않고 작가가 원하는 모든 것을 표현할 수 있는 매력 덕분에 이러한 독립출판물들이 점점 늘어나는 게 아닐까 생각합니다.

≫ 독립적인 태그

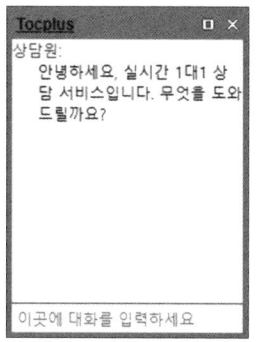

실시간 채팅창 (출처: 톡플러스 채팅 서비스)

HTML에도 독립적인 특징을 가지는 기능들이 있습니다. 간단하게 예를 들어보겠습니다. 병원 홈페이지에 접속하면 한쪽 구석에 위치해 고객을 맞이하는 '실시간 채팅창'입니다. 이 대화 모듈의 특징은 사이트의 다른 기능에는 영향을 주지 않으면서 독립적인 기능을 수행한다는 것입니다. 이때 사용하는 태그가 바로 아티클 태그입니다.

아티클 태그는 해당 페이지 또는 사이트와 완전히 독립적으로 구성할 수 있는 요소를 정의할 때 사용하는 태그입니다. 다시 말하면 사이트 내에서 독립적으로 움직일 수 있는 단위입니다. 따라서 이 아티클 구역의 태그를 제거해도 사이트는 정상적으로 돌아갑니다.

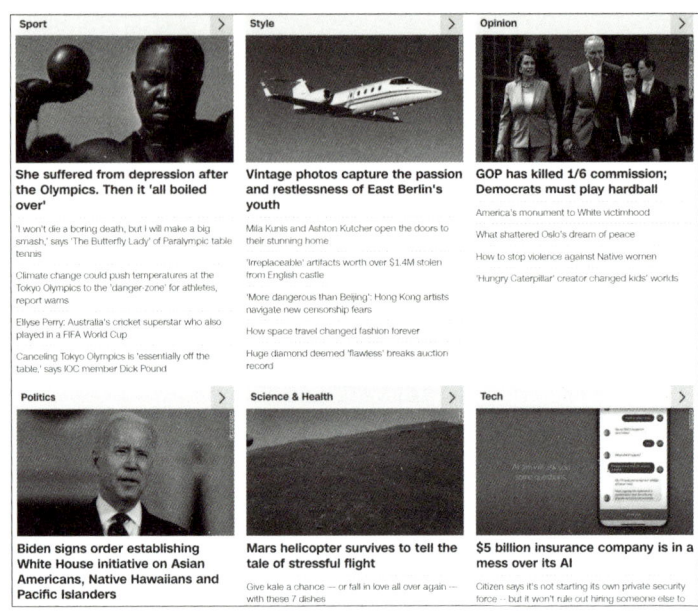

CNN 뉴스 홈페이지 메인 화면 (출처: cnn.com)

　아티클 태그가 많이 사용되는 곳은 뉴스 홈페이지입니다. 스포츠 뉴스와 정치 뉴스가 한 페이지에 담겨 있지만 이 소식들은 각각 독립적으로 움직입니다. 시간마다 노출되는 기사가 달라져도 홈페이지는 정상적으로 운영되어야 하기 때문입니다. 아티클 태그는 기존의 룰을 완전히 따르지 않아도, 스스로 자립해서 기능을 수행할 수 있는 독립적인 아이템을 다루기 위해 존재합니다.

'뉴스(news)'라는 단어는 나침반의 동서남북(North, East, West, South)의 첫 글자를 따서 만들어졌다고 합니다. 지구 곳곳의 새로운 소식은 실시간으로 모아져 신문으로 발행됩니다. 아티클 태그 덕분에 똑같은 조각만 있다면 언제든지 기존의 신문 모양에서 필요한 부분만 새롭게 소식을 전할 수 있습니다. 즉 기사를 독립적으로 관리할 때 매우 편리합니다.

≫ 아티클 만들기

```
<article> <!-- 뉴스 위젯 -->
    <h2> 12월 13일 날씨 정보 </h2>
    <h3> 미세먼지 </h3>
    <p> 양호 </p>
    <h3> 초미세먼지 </h3>
    <p> 양호 </p>
</article>
```

12월 13일 날씨 정보

미세먼지

양호

초미세먼지

양호

날씨 위젯을 개발하는 예제 소스를 코딩했습니다. 시맨틱 태그 중 하나로 데이터의 의미와 종류를 구체화해 주면 되기 때문에 <article> </article> 태그 안에 태그를 작성합니다.

예제는 미세먼지 일보를 다루는 간단한 형식의 HTML입니다. 아티클 태그 덕분에 언제든지 붙여 넣거나 삭제하거나 위치를 변경해도 모든 곳에 자유롭게 어울리는 독립적인 형태의 그룹으로 만들어졌습니다.

이렇듯 아티클 태그를 사용하면 독립적인 콘텐츠를 나누어 사이트 운영과 관리가 편하고, 특정 부분에서 오류가 발생해도 홈페이지 전체에 영향을 끼치지 않는다는 장점이 있습니다.

≫ 독립적인 개발자

축구 전술과 코딩은 닮은 점이 한 가지 있습니다. 혼자만의 실력으로는 한계가 있다는 것입니다. 아무리 선수 개개인의 역량이 뛰어나다고 해도 팀플레이가 잘 이루어지지 않는다면 경기에서 지게 됩니다. 하지만 독립적인 능력 또한 꼭 필요합니다. 가끔은 팀의 전술 속에서 개인기를 발휘해 골을 넣는 공격수가 있는 것처럼 평소에는 조직에 자연스럽게 스며들어 실력을 발휘하고, 독립한 후에도 개인의 능력을 활용하여 자립할 수 있는 개발자가 되어야 합니다.

COMMENT

"아티클 태그처럼 유연한 개발자가 되기 위해 나아 갑시다."

아티클을 추가하고 삭제해 보세요. 독립적으로 움직이는 태그를 확인해 보시기 바랍니다.

article 태그

데이터를 수납해 드립니다 테이블 태그 <table>

≫ 빨래 바구니와 수납장

자취생들이 가장 무서워하는 것이 있습니다. 바로 가득 찬 빨래 바구니입니다. 일주일 전부터 굴러다니는 양말, 어제 입었던 청바지, 언제 입었는지 모를 티셔츠까지 한데 어우러져 뒤엉켜 있습니다. 이젠 더 이상 미룰 수 없습니다. 커다란 빨래 바구니에 한가득 쌓인 옷을 드럼 세탁기에 탈탈 털어 냅니다. 그리고 세제와 섬유유연제를 넣어 드럼 세탁기를 돌립니다. 세탁이 끝나면 건조기에 옮겨 담고, 건조가 끝나면 깨끗해진 옷을 정리할 차례입니다.

 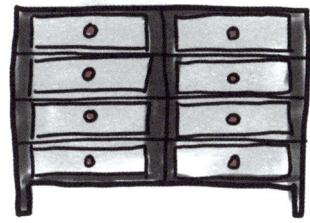

수납장은 정리를 위해 꼭 필요한 물건입니다. 의류를 종류별로 모아서 보관할 수 있기 때문입니다. 필자는 제일 아래 칸에 양말이나 속옷을 모아 두고, 맨 위와 그 아래 칸에는 자주 입는 옷을 모아 둡니다. 맨 위 칸에는 상의, 그 아래 칸에는 하의를 보관하는데, 먼저 티셔츠를 입고 그 다음에 어울리는 바지를 찾기 때문입니다. 그리고 양말을 신고 외출을 합니다.

이렇게 옷가지들을 수납장에 차곡차곡 정리하여 보관하면 원하는 옷을 빠르게 찾을 수 있다는 장점이 있습니다. 또한 시각적으로도 매우 정돈된 느낌을 줍니다.

≫ 테이블 태그란?

테이블 태그는 어질러진 옷가지들을 수납장에 정리하는 것처럼 데이터를 정리 정돈합니다. 아무렇게나 흩어져 쓸모없어 보이는 정보들을 모아 한눈에 들어오게 만들고, 이해하기 쉽고 사용하기 편하도록 만들어 줍니다.

> 티셔츠, 양말, 와이셔츠, 장갑, 청바지, 모자, 넥타이, 팬티, 반바지

옷장 안에 있는 물건들을 생각나는 대로 나열했는데 어질러진 방구석처럼 데이터가 한눈에 들어오지 않습니다. 예를 들어 상의만 찾아야 한다면 어떤 것이 상의인지 하나씩 모두 읽어 봐야 합니다. 그런데 이것을 테이블 태그로 나누면 한눈에 데이터를 확인할 수 있습니다.

상의	하의
티셔츠	청바지
와이셔츠	치마
니트	팬츠
후드	반바지

상의와 하의를 칼럼으로 분류했습니다. 그리고 옷가지를 분류에 맞게 나열했습니다. 이렇게 데이터를 정리하면 찾고자 하는 정보가 한눈에 들어옵

니다. 이처럼 누구나 알아볼 수 있게 정리한 표식을 '표'라고 합니다. 그리고 HTML에서 이런 표를 만드는 태그를 '테이블 태그'라고 합니다.

≫ 테이블 태그 사용법

```
<table>
    <th> 상의 </th>
    <th> 하의 </th>
    <tr>
        <td> 카디건 </td>
        <td> 면바지 </td>
    </tr>
    <tr>
        <td> 티셔츠 </td>
        <td> 청바지 </td>
    </tr>
</table>
```

```
상의    하의
카디건 면바지
티셔츠 청바지
```

테이블 태그의 기본적인 사용 규칙입니다. <table> 태그 안에 행을 나타내는 <tr>과 열을 나타내는 <td>가 있습니다. 그리고 <th> 태그는 테이블 헤더를 나타냅니다. 각 항목 가장 위에 제목으로 사용 가능합니다.

≫ 데이터의 질서를 만드는 테이블 태그

테이블 태그는 데이터를 정리 정돈하고 질서를 만들어 줍니다. 군대가 오와 열을 맞춰 이동할 때처럼 정보들을 가독성 있게 해 주는 태그입니다. 과거에는 이 테이블 태그를 레이아웃을 만들 때 디아이브이 태그 대신 사용했지만 현재는 데이터를 정리 정돈하여 질서에 맞게 노출할 때 사용합니다.

COMMENT

"깔끔하게 정리된 웹사이트가 보기도 좋습니다."

table 태그

처음에는 \<tr>, \<td>를 추가하고 삭제해 보세요.
그리고 익숙해지면 처음부터 끝까지 작성해 보세요.
테이블 태그를 익히기 위해서는 실습이 중요합니다.

인터넷을 움직이는 만 분의 일 에이 태그 <a>

≫ 닻

닻은 배를 상징하는 물건입니다. 시금치만 먹으면 근육이 빵빵해져 괴력을 발휘하는 뽀빠이의 직업이 선장이라는 것을 알 수 있는 이유도 그의 팔에 닻 모양 문신이 있기 때문입니다. 어릴 적 그가 배를 운전하는 장면을 한 번도 본 적은 없지만, 뽀빠이가 쓰고 있는 모자와 팔뚝에 그려진 문신을 통해 이 캐릭터가 자연스럽게 뱃사람이란 걸 알 수 있었습니다.

바다는 지구 표면의 약 70퍼센트를 차지하고 있으며, 그 깊이는 과학이 아직 풀어내지 못한 숙제입니다. 우주에서 찍힌 지구의 사진을 보면 땅보다 푸른색의 바다 면적이 훨씬 큽니다. 이런 걸 보면 바다라는 광활한 곳에 떠 있는 땅을 빌려 우리가 생활하고 있다는 걸 느낄 수 있습니다. 인간이 그 넓은 곳을 누리는 방법은 배로 항해하는 것입니다. 항해를 하면 인간은 자연과 마주하게 되는데, 바다 한가운데서 폭풍을 만나기라도 하면 인간이 만든 기술은 바람에 날아가는 종잇장처럼 한순간에 침몰하기도 합니다.

닻은 배를 멈추게 하려는 목적이 아닌, 항해를 위해 만들어졌습니다. 위협적인 바람과 파도를 만나면 배는 상황이 잠잠해질 때까지 닻을 내리고 기다립니다. 그렇게 다시 하늘이 개면 닻을 올리고 항해를 시작합니다. 이처럼 닻은 거대한 바다를 헤쳐나갈 수 있게 만드는 거대한 힘입니다. 닻의 무게는 보통 배 무게의 만 분의 일 정도입니다. 10만 톤급 선박의 경우 10톤밖에 되지 않습니다. 배를 구성하는 작은 부품일 뿐이지만 배를 움직이게 하는 중요한 요소입니다.

> **TIP | 짧은 태그, 에이 태그**
> 에이 태그는 HTML에서 가장 짧은 태그명 중 하나입니다.

» anchor

인터넷이라는 거대한 망은 보통 바다로 표현됩니다. 그래서 웹을 '정보의 바다'라고 흔히 말합니다. 인류의 모든 지식을 하나로 묶은 디지털 바다를 헤엄치게 할 수 있는 개념이 '하이퍼텍스트'입니다. 그리고 그 개념 가운데 가장 중요한 역할을 하는 것이 '링크'고, 이를 구현하는 것의 기본이 에이 태그입니다. a는 닻을 가리키는 'anchor'의 약어입니다.

이 요소는 코딩을 배울 때 가장 먼저 만나는 규칙입니다. 개발자뿐만 아니라 퍼블리셔, 디자이너도 이 태그를 자주 사용합니다. 만약 에이 태그가 없었다면 인터넷은 단일 페이지로 구성되었을 것입니다. 페이지 간의 이동도 없고 오직 하나의 페이지에 갇혀 있는 세계가 될 뻔했지만 다행히 이 태그로 페이지가 연결되어 멀티 페이지를 사용할 수 있게 되었습니다.

» href 라는 좌표

`<a href="바다"> 항해를 시작합니다! </a>`

에이 태그의 가장 중요한 요소는 하이퍼링크입니다. 시동을 걸었다면 달려갈 목표가 있어야 합니다. 이 목표를 만드는 것을 'href'라는 속성이 도와줍니다. 좀 더 자세히 알아보겠습니다.

href는 항해할 위치를 알리는 좌표 역할을 합니다. 이 좌표는 인터넷 어디든 전부 연결 가능합니다. 심지어 내부 페이지 위치까지 이동이 가능합니다. 다시 말하면 다른 홈페이지 주소로 연결하는 역할뿐만 아니라, 현재 보고 있는 페이지의 가장 아래로, 위로, 중간으로 스크롤을 이동할 수 있게 합니다. 네비게이션처럼 원하는 주소만 찍어 주면 좌표를 보여 주는, 어디든 원하는 곳까지 자유롭게 이동할 수 있는 마법과 같은 속성입니다.

》 타깃(target)으로 이동하기

`<a href="바다" target="새로운 배로, 혹은 내 배로"> 항해를 시작합니다! </a>`

- 타깃 태그 속성

- _self: 현재 페이지
- _blank: 새 탭
- _parent: 부모 페이지
- _top: 최상위 페이지

해당 페이지로 이동할 때 어떻게 갈 것인지도 정해야 합니다. 큰 배는 작은 보트를 싣고 다닙니다. 원하는 지점으로 여러 대의 다른 보트(_blank)를 보내서 정찰하게 하거나 배(_self)가 직접 이동하기도 합니다. 이렇게 새로운 페이지를 여는 방식을 정하는 것이 타깃입니다. 항해를 위한 이동 방법이라고 할 수 있습니다.

》 거대한 인터넷을 움직이는 한 글자 'a'

홈페이지는 수만 개의 태그와 스크립트로 이루어져 있습니다. 에이 태그는 복잡한 사이트를 구성하는 작은 요소입니다. 하지만 이 작은 a라는 한 글자의 태그 덕분에 하이퍼링크가 가능해졌고, 문서와 문서를 뛰어넘는 확장성을 가질 수 있었습니다. 작은 닻, 에이 태그는 HTML 태그 중 가장 짧은 이름을 가지고 있지만 인터넷이라는 망망대해를 여행하는 데에 가장 중요한 존재입니다.

COMMENT

"거대한 인터넷 망망대해를 항해할 수 있게 하는 작은 힘, 에이 태그"

a 태그

좋아하는 사이트의 링크로 변경하면서 실습해 보세요.
어떠한 주소든 접속이 가능합니다.

줄임말이 태그명이 되다 이미지 태그 <img>

≫ 본명을 이긴 줄임말들

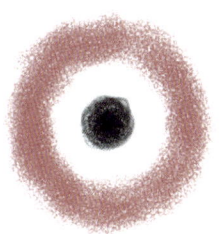

티몬

휴대폰이 등장한 후로 우리 삶에 많은 변화가 있었습니다. 그중에서도 '문자 메시지' 기능은 좀 더 특별했습니다. 과거에는 문자 메시지에 쓸 수 있는 글자수가 제한되어 있었고, 사람들은 글자수의 제한에 맞춰 최대한 많은 내용의 글을 담고 싶어 했습니다. 그래서 긴 단어를 짧게 줄인 '줄임말'이 생겨납니다. '엄친아'라는 단어 다들 써 보셨죠? 잘생기고 공부도 잘하고 성격까지 좋은, '엄마 친구 아들'을 줄인 단어입니다. 이제는 TV, 책, 영화 등 다양한 매체에서 자주 사용되어 모르는 사람이 거의 없을 정도입니다.

우리나라 기업에도 비슷한 사례가 있습니다. 대표적인 소셜 커머스 회사 '티몬'인데요, 이 회사는 2010년 5월 사업을 오픈할 때 '티켓몬스터'라는 이름으로 시작했습니다. 그런데 사람들이 자연스럽게 '티몬'이라고 줄여서 부르기 시작했고, 이 회사는 2017년 7월에 회사 이름을 '티몬'으로 변경합니다. 도메인 주소도 'www.tmon.co.kr'로 바꿨죠. 줄임말을 회사에서 적극 차용해 소비자에게 더 친숙하게 다가간 예입니다. 줄임말이 반란을 일으켜 본명을 이긴 것입니다.

≫ 이미지 태그의 탄생

이미지 아이콘

HTML도 줄임말이 공식 태그가 된 경우가 있습니다. 바로 이미지 태그입니다. HTML을 공부해 본 사람이라면 이 태그 이름에서 이질감이 느껴지지 않을 수 있습니다. 하지만 가만히 생각해 보면 기존 태그들과 확연히 다른 이상한 부분을 발견할 수 있습니다.

- 이미지 태그의 속성

- \<audio\>: 오디오 태그(축약하지 않음)
- \<video\>: 비디오 태그(축약하지 않음)
- \<img\>: 이미지 태그(image를 img로 축약)

오디오 태그, 비디오 태그와 달리 이미지 태그는 'img'로 축약해 쓰고 있습니다. 왜 이렇게 쓰는지 개발자들에게 질문을 던져 보면 "이미지 태그가 더 많이 사용되기 때문에 의도적으로 이렇게 이름을 붙이지 않았을까?"라는 추측을 합니다. 하지만 여기에는 좀 더 복잡한 배경이 있습니다. 이 역사적인 스토리를 알아보기 위해 1993년의 시카고 일리노이 대학교로 돌아가 보겠습니다.

북, 트위터, 인스타그램, 포스퀘어, 핀터레스트, 에어비앤비, 그루폰, 스카이프, 깃허브 등에 투자합니다. 페이스북 설립자 마크 저커버그(Mark Elliot Zuckerberg)가 앤드리슨을 멘토로 삼기도 했습니다.

'스타트업'에 도전하는 개발자들이 많아진 것 같습니다. 확률로만 따져 보면, 아마 대부분은 실패할 것입니다. 하지만 도전으로 얻은 '경험'은 줄어들지 않고 그대로 남아 또 다른 능력을 만들어 줍니다. 그러므로 진정한 실패는 없다고 생각합니다. 개발자라는 단어는 '새로운 물건을 만들거나 새로운 생각을 내놓는 사람'이라는 뜻을 가지고 있습니다. 각자의 위치에서 보이지 않게 도전하는 삶을 살아가는 것이 진정한 '개발자'의 자세입니다. 제가 개발자이자 작가가 될 수 있었던 것도 코딩을 통해 배웠던 도전 정신 때문이 아닐까 생각합니다.

≫ 픽셀에서 인스타그램으로

영화 <주먹왕 랄프 2>는 주인공 랄프와 바넬로티가 버려질 위기에 처한 오락기 부품을 구하기 위해 와이파이를 타고 인터넷 세상에 접속하면서 벌어지는 이야기입니다. 랄프와 바넬로티는 이베이에서 고장 난 부품을 경매하는 걸 알게 되고, 부품을 구매하기 위해 유튜브에 출연하게 되면서 이야기가 시작되죠.

주먹왕 랄프

인스타그램 미술관(출처: 영화 주먹왕 랄프 2)

이 영화에서 표현하는 인터넷 세상이 참 재미있습니다. 트위터의 '리트윗'은 파랑새가 지저귀면서 소식을 실시간으로 나르는 모습으로, 팝업창은 길거리에서 홍보용 전단지를 나눠 주는 사람으로 표현됩니다. 가장 인상 깊은 장면은 바로 인스타그램을 표현하는 방식입니다. '인스타그램 전시장'에는 사용자가 올린 일상 사진과 해시태그가 전시되어 있습니다. 그리고 관람객들은 사진을 예술 작품을 보듯 구경합니다. 영화 속에서 인스타그램은 '미술관'입니다.

'픽셀'의 아버지 러셀 커쉬(Russell A. Kirsch)는 1957년 자기 아들의 사진을 흑백 디지털 이미지로 바꾸는 데 성공합니다. 사진사와 화가의 손을 대신한, 컴퓨터가 그려 낸 최초의 디지털 드로잉이었습니다. 그로부터 약 70년이 지난 현재 스마트폰 카메라와 소셜 네트워크 서비스가 발달하면서 누구나 쉽게 온라인으로 사진을 올려 공유하고 있습니다.

» 인스타그램의 시작, 이미지 태그

싸이월드, 페이스북, 인스타그램 등 자신의 일상을 공유하는 소셜 네트워크 서비스는 21세기를 대표하는 대중문화가 되었고, 이미지는 이제 삶을 기록하고, 자신의 개성을 나타내는 방법이 되었습니다.

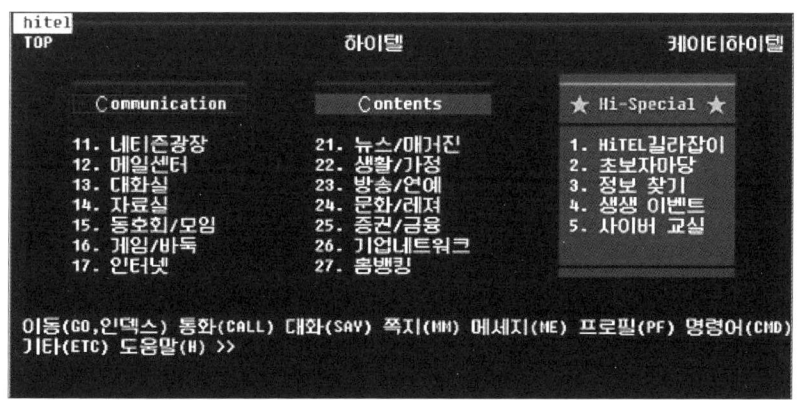

하이텔 접속 화면(출처:나무위키)

마크 앤드리슨이 제안한 이미지 태그 덕분에 하드디스크에서 잠자던 디지털 사진들이 인터넷으로 옮겨 가게 됩니다. 만약 이 태그가 개발되지 않았더라면 인스타그램은 탄생하지 못했을 것입니다. 1990년대에는 하이텔, 나우누리, 천리안 등으로 대표되는 전화 모뎀을 이용하는 PC통신이 있었습니다. 월정액은 9,000원이었고, 하나의 아이디를 친구들과 공유해 사용했던 기억이 납니다. 이미지 태그가 없었다면 이렇게 여전히 텍스트로만 구성된 인터넷을 사용해야 했을 것입니다. 하지만 다행히 지금 우리는 인터넷에 이미지를 올리고 다양한 소식을 공유할 수 있으며, 그 즐거움의 중심에는 이미지 태그가 있습니다.

≫ 이미지 태그 사용법

src

```
<img src="gocoder.png">
```

이미지 태그의 가장 핵심 요소는 바로 'src'입니다. 영어 단어 'source'의 축약어로, 이미지를 표현하는 가장 주된 방식입니다. 이미지의 파일 위치를 지정하면 웹페이지 화면에 표현됩니다. 만약 src 속성이 없는 태그가 있다면 이미지가 없는 상태이므로, 액자만 걸려 있는 꼴이 됩니다.

width, height

```
<img src="gocoder.png" width="500" height="500">
```

이미지의 크기를 조절하는 속성입니다. 화가는 그림을 그릴 때 가장 먼저 캔버스 크기를 정합니다. 화가는 그림을 그리는 도중 캔버스의 크기를 바꿀 수 없지만 이미지 태그에서는 언제든지 크기를 변경할 수 있습니다. 그리고 해당 속성을 부여하지 않으면 원본 사이즈 그대로 노출되는 아주 유연한 속성입니다.

alt

```
<img src="gocoder.png" width="500" height="500" alt="고코더 로고">
```

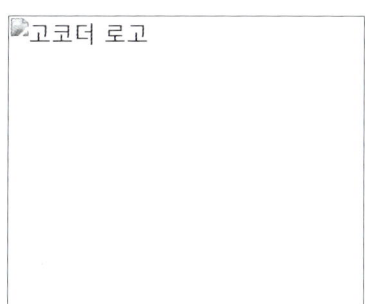

이미지가 깨지면 출력되는 alt

인스타그램에서는 이미지에 텍스트와 해시태그를 써서 어떤 사진인지 설명합니다. 이처럼 이미지 태그도 설명이 필요합니다. 하지만 이 'alt' 속성은 좀 더 특별합니다. 웹 화면에 보통 때는 보이지 않지만 커서를 올려 두거나, 이미지가 깨져서 '엑스박스'가 생기면 이미지를 설명하는 보충 내용이 노출됩니다. alt는 'alternative'라는 단어의 축약어로 '대안'이라는 뜻을 가진 단어입니다. 이 뜻처럼 이미지를 글자로 설명하는 역할을 합니다.

> **TIP | 웹 접근성**
>
> 시각 장애인이 사용하는 스크린 리더기는 이 속성을 읽어 그림을 표현합니다.
> 웹 접근성 배려를 위해 충실히 작성해야겠죠?

≫ 디지털 이미지

디지털 이미지는 0과 1로 구성되어 있습니다. 0과 1뿐이지만 우리가 볼 수 있도록 변환된 자료인 것이죠. 덕분에 이 사진은 낡지도 않고, 해지지도 않습니다. 파일이란 이름으로 평생 보관하여 추억을 간직할 수 있습니다. 그리고 지구 반대편 친구에게도 언제든지 신속하고, 유연하게 이미지를 전송할 수 있습니다.

COMMENT

"즉각적인 현장성을 반영하는 디지털 이미지를 통해 일상에서도
의미 있는 이야기들을 공유하는 시대가 되었습니다."

img 태그

이미지를 변경하고, 크기도 변경해 보세요.
만약 잘못된 링크를 사용하면 일명 '엑스박스' 이미지가
나타납니다.

논리 구조를 담다 표제 태그 <h>

》 HTML 문서의 논리 구조

피라미드

> 생각하거나 말하거나 글을 씀에 있어서, 내용을 이치에 맞게 이끌어 가는 과정이나 원리
> – '논리'의 사전적 의미

말이나 글에 두서가 없어 보일 때 우린 '논리가 없다'라고 합니다. 하나의 글을 타당한 논리로 이끌어 가는 건 매우 중요합니다. 그 논리를 만드는 데 가장 많이 사용되는 구조는 피라미드(pyramid) 기법입니다. 이 기법은 세 가지 규칙을 갖고 있습니다. 첫째, 상위 생각은 하위 생각을 요약합니다. 둘째, 같은 층의 메시지는 동일함을 유지합니다. 셋째, 층 내의 메시지는 논리적 순서로 배열되어야 합니다. 순서대로 내용의 깊이를 하나씩 파고들어 가면서, 논리를 단단하게 만들어 일관성 있게 보이는 것이 피라미드 방법의 핵심입니다.

코딩 책에서 갑자기 논리적 글쓰기 기법을 소개하는 게 뜬금없어 보일 수 있습니다. 하지만 다시 생각해보면, HTML은 프로그래밍 언어이며 그 안에 담길 내용들은 논리적인 글과 미디어입니다. 아무런 구조도 논리도 없이 페이지가 게시되는 것은 생각의 흐름대로 쓴 일기장을 공개하는 것과 다를 게 없습니다. 그렇기 때문에 논리적인 구조를 알아 둘 필요가 있습니다. 그리고 그런 구조를 가능하게 하는 태그가 존재합니다.

HTML 문서에서도 논리 구조를 전달하는 것은 매우 중요합니다. 각 페이지는 누군가에게 전달될 정보를 담은 글이며 하나의 완성된 단위이기 때문입니다. 이런 구조를 만들어 주는 적합한 태그가 바로 '표제 태그(heading tag, <h>)'입니다. 이 태그를 '제목 태그'라고 부르기도 하지만 앞에서 소개한 '제목(title)' 태그와의 혼동을 막고 태그가 의미하는 뜻을 나타내기에 '표제'라고 하겠습니다.

≫ 논리 구조를 전달하는 표제 태그

```
<html>
   <body>
      <h1> 표제 태그 레벨 1 </h1>
      <h2> 표제 태그 레벨 2 </h2>
      <h3> 표제 태그 레벨 3 </h3>
      <h4> 표제 태그 레벨 4 </h4>
      <h5> 표제 태그 레벨 5 </h5>
      <h6> 표제 태그 레벨 6 </h6>
   </body>
</html>
```

표제 태그는 바디 태그 안에 존재합니다. 그리고 <h1>은 웹 문서에서 가장 중요한 역할을 하는 텍스트입니다. 그래서 가급적이면 한 번만 사용하는 것이 좋습니다. 그리고 순서대로 기술하는 것이 좋습니다. 'h1' 아래에는 'h2'가 와야 합니다. 이것이 바로 숫자로 순서를 알리는 넘버링이 붙어 있는 이유입니다.

그리고 표제 태그는 글을 꾸미기 위해 사용하는 것이 아닙니다. 표제 태그는 문서의 구조를 나타냅니다. 어떤 문장을 강조하고 싶다면 <strong>이나 <b> 등을 이용합니다. 이 태그 특유의 굵은 글씨를 본문을 꾸미는 데 사용하면 엉뚱한 구조의 문서가 탄생할 수 있습니다.

≫ 레벨

표제 태그 레벨 1

표제 태그 레벨 2

표제 태그 레벨 3

표제 태그 레벨 4

표제 태그 레벨 5

표제 태그 레벨 6

표제 태그는 논리 구조를 전달하는 데 적합한 문법입니다. 1레벨부터 6레벨까지 단계적으로 표현하는 구조를 가지고 있기 때문입니다. 각 단위마다 글자의 크기와 굵기가 조금씩 다르게 표현됩니다. 레벨 1이 가장 큰 제목, 레벨 6이 가장 작은 소제목을 나타내는 걸 직관적으로 알 수 있습니다. 이런 표제는 정보를 효과적으로 전달하기 위해 꼭 사용해야 합니다. 이 태그를 사용하지 않으면 수천 단어가 구분 없이 빼곡히 가득 찬 의미없는 페이지처럼 보일 것입니다.

그리고 레벨 순서는 단계뿐만 아니라 '중요도'를 표현합니다. <h1>이 해당 페이지의 대표적인 표제를 나타냅니다. 가장 중요한 내용이죠. 그리고 차례대로 중요도가 내려갑니다. 그렇기 때문에 <h1>은 문서 내에서 제목을 나타낼 때 가급적이면 한 번만 사용하는 것이 좋습니다. 나머지 요소들은 여러 번 사용 가능합니다.

≫ 구글이 표제 태그를 사용하는 방법

다른 사이트에서는 표제 태그를 어떻게 사용하고 있는지 알아보겠습니다. 웹 표준을 가장 잘 지키는 구글을 한 번 살펴볼까요?

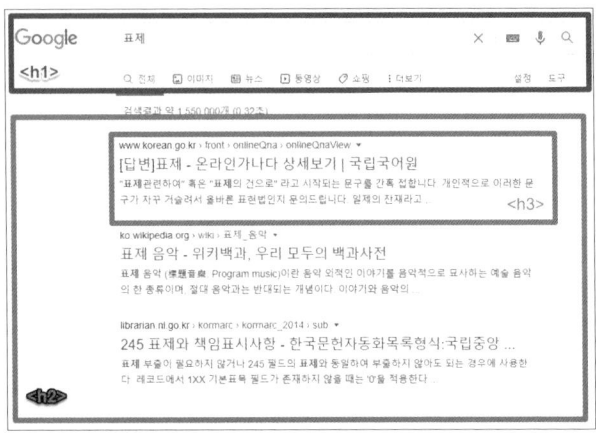

표제 태그 구글 (참조 : 구글 검색 사이트 캡처)

검색창에 '표제'를 입력하면 위와 같은 화면이 나타납니다. 가장 상단에 검색어를 입력하는 검색창이 있습니다. 검색 사이트 특성상 가장 중요한 것이 검색창일 것입니다. 그래서 소스를 분석해 보면 검색창 부분이 〈h1〉로 표시되어 있습니다. 그다음으로 중요한 것이 바로 검색 결과입니다. 이 부분은 한 단계 낮은 레벨인 〈h2〉로 표시됩니다. 〈h3〉는 검색된 페이지들의 제목입니다. 이 제목들은 타 사이트에서 가져온 데이터고 많은 검색 결과 중 하나입니다. 이는 검색 결과 화면의 아래 구조에 있는 데이터입니다.

≫ 코딩에도 논리 구조가 필요합니다

좋은 글은 논리적인 구조를 잘 갖추고 있습니다. 웹 문서도 마찬가지입니다. 논리적이지 않으면 이해하기 어렵고 불친절한 페이지가 됩니다. 웹 페이지는 일종의 의사소통입니다. 정확하고 규칙성 있게 보여야 합니다. 논리적 구조를 잘 갖추면 사용자에게 좋은 웹 기술로 보이고 잘 만들어진 사이트라는 느낌을 줄 수 있습니다. 코드의 논리적인 구조가 탄탄할 때 사용자의 선택을 받을 수 있습니다.

COMMENT

"논리적인 구조를 만들어 주는 표제 태그의 힘"

h 태그

단계별로 나타낼 수 있는 표제로 실습해 보세요.
예: 지구 → 아시아 → 한국 → 서울 → 마포

웹 속에 존재하는 또 다른 웹
아이프레임 태그 <iframe>

≫ 마인크래프트(Minecraft)

    초등학교에 입학한 필자의 조카가 요즘 푹 빠진 게임이 있습니다. 세상에서 가장 많이 팔린 '마인크래프트'라는 게임입니다. 2009년 5월 10일에 출시된 이 게임은 스웨덴의 천재 개발자 '마르쿠스 알렉세이 페르손(Markus Alexej Persso)'이 개발하고 MS사의 '마이크로소프트 스튜디오(Xbox Game Studios)'가 배급하는 오픈 월드 인디 게임입니다. 네모난 블록으로 이루어진 세계에서 정해진 목표 없이 즐길 수 있습니다. 이렇게 게임이라는 한정된 공간에서 자유롭게 활동하면서 창작을 하는 게임 장르를 '샌드박스(SandBox)'라고 합니다. 직역하면 '모래 상자'라는 뜻인데 어린아이들의 소꿉놀이에서 유래된 단어입니다.

    마인크래프트의 한 엉뚱한 유저가 게임 안에서 컴퓨터를 제작하기도 했습니다. 무슨 말인지 이해가 잘 안 되시죠? 좀 더 자세히 설명해드리겠습니다. 마인크래프트는 네모난 블록으로 건물을 짓거나 물건을 만들어 내는 게임입니다. 즉, 디지털로 블록 단위의 아날로그 세상을 만들어 놓은 것입니다.

그런데 한 유저가 게임상에서 전기신호의 역할을 하는 '레드스톤 블록'을 사용해 컴퓨터를 설계한 것입니다. 이 유저는 블록을 한 땀 한 땀 직접 조립해 CPU, 그래픽카드, RAM, 메인 모드 등을 갖춘 컴퓨터를 만들었습니다. 이 컴퓨터는 약 80년 전 최초로 발명된 애니악 컴퓨터 수준에 불과하지만 게임 유저가 컴퓨터의 모든 원리를 이해하고 설계하다니 그 유저의 능력도 보통은 아닌 것 같습니다.

≫ 아이프레임 태그

HTML에도 웹페이지 안에서 또 다른 웹을 사용할 수 있는 개념이 있습니다. 마치 마인크래프트 게임 속에서 컴퓨터 세상을 만드는 것처럼 말이죠. 바로 아이프레임 태그가 그 주인공입니다. 'iframe'은 'Inline Frame'을 줄여 쓴 것입니다. 영어 뜻 그대로 현재 페이지에 다른 HTML 페이지를 포함시켜 중첩하는 기능을 제공합니다. 이렇게 한계가 있는 브라우저 세상 안에 또 다른 세상을 보여 주는 것입니다.

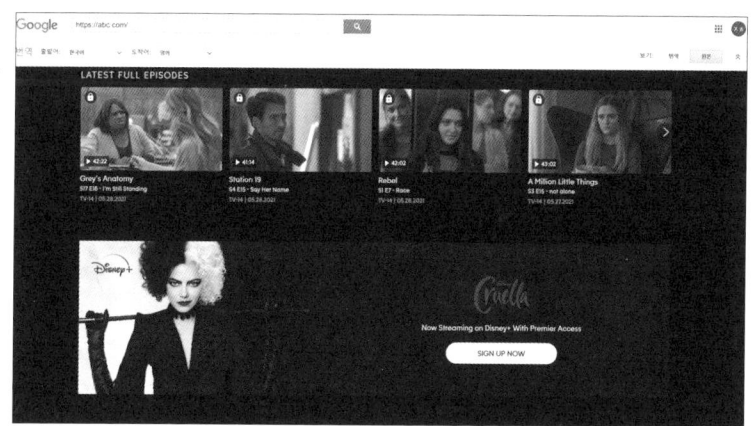

구글 번역 서비스를 이용한 ABC 사이트 (출처: abc.com)

이 기술이 신기해 보이지만 사실 우리 웹 환경 속에서 이미 자주 접하고 있습니다. 가까운 예로 구글 번역 서비스에서 사이트를 통으로 번역해 주는 기능이 있습니다. 바로 앞의 사진을 보면 이 사이트의 상단 부분은 구글 웹 사이트고, 아래는 뉴스 방송사 'abc.com'에 접속한 상태입니다. 이 부분을 아이프레임 태그로 처리해서 상단은 고정된 채로 아래 부분에 번역이 필요한 사이트가 자유롭게 실행되고 있습니다.

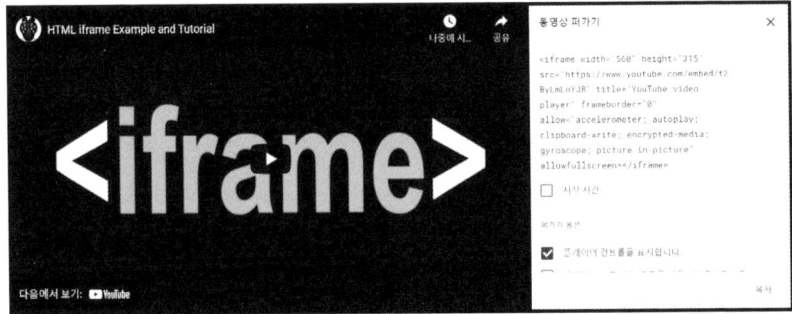

아이프레임으로 유튜브 동영상 퍼가기 (출처: 유튜브)

또한 유튜브를 시청하다 마음에 드는 영상을 퍼 가고 싶을 때 만들어 주는 코드를 자세히 살펴보면 아이프레임으로 코딩되어 있는 것을 확인할 수 있습니다. 이 코드 하나로 유튜브라는 세계에 접속할 수 있습니다.

≫ 아이프레임 태그 사용법

```
<html>
   <body>
      <iframe src="http://gocoder.net">
   </body>
</html>
```

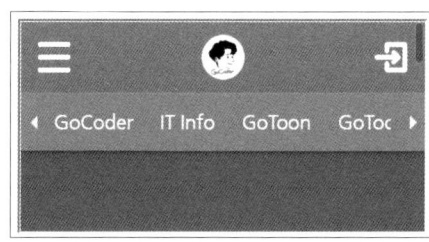

아이프레임을 적용한 홈페이지 화면

아이프레임 태그의 사용법은 간단합니다. 태그를 선언하고 'src' 속성에 URL 주소를 입력합니다. 그러면 해당 부분에 입력한 사이트가 보이게 됩니다. 위의 예시는 필자의 홈페이지를 아이프레임이라는 가상공간에 보여 주고 있습니다. 마인크래프트에서 몇 년 동안 블록을 조립해 컴퓨터를 만드는 것보다는 쉽고 빠르게 다른 세상의 공간을 보여 줄 수 있습니다. 쉽고 빠른 점이 바로 HTML의 매력입니다.

```
<html>
   <body>
      <iframe width="600" height="300" src="http://gocoder.net" frameborder="1" scrolling="yes" align="left"></iframe>
   </body>
</html>
```

기본 태그 안에는 특별한 속성을 추가할 수 있습니다. 프레임의 높이와 넓이 조절이 가능하고, 공간보다 사이트가 더 크다면 스크롤을 보여 줄지도 판단이 가능합니다. 그리고 테두리를 지정할 수도 있습니다. 이러한 옵션을 사용해서 사용자에게 해당 프레임 안의 공간을 부각할 수도 있고, 반대로 통일된 하나의 페이지인 것처럼 속일 수도 있습니다.

이 기술을 사용하는 대부분의 사이트는 아이프레임을 쓰는 것을 숨기는 쪽으로 개발을 진행합니다. 공통된 기능을 사용해야 한다면 굳이 여러 페이지를 개발하는 것보다는 하나를 아이프레임으로 보여 주면 재사용이 가능하기 때문입니다.

- 기본 태그의 특별한 속성

- **src:** 삽입될 문서의 주소
- **width:** 너비 지정(px, %)
- **height:** 높이 지정(px, %)
- **frameborder:** 테두리 표시 여부(테두리 없음-0, 테두리 있음-1)
- **scrolling:** 스크롤바 표시 유무(yes, no, auto)
- **longdesc:** 내용을 설명하는 페이지
- **marginheight:** top(위), bottom(아래), 여백 공간(margin)
- **marginwidth:** left(좌), right(우), 여백 공간(margin)
- **align:** 정렬(top, middle, bottom, left, right)

우리가 사용하는 컴퓨터 또한 아이프레임의 개념입니다. 네모난 박스 안에 펼쳐지는 디지털 시뮬레이션 세상입니다. 가상의 공간을 다루는 것은 이제 흔한 일이 되었습니다. 스마트폰이라는 공간은 인공지능 비서부터 게임까지 모든 게 가능한 블록입니다. 새로운 시대에는 이런 가상의 세계를 컨트롤할 수 있는 사람이 되어야 합니다.

COMMENT

"아이프레임이 제공하는 또 다른 세상의 기대와 설렘"

iframe 태그

주소를 변경해서 다양한 사이트를 아이프레임에 담아 보세요. 간혹 '연결을 거부했습니다'라는 메시지가 나타난다면, 해당 사이트에서 아이프레임을 거부했기 때문입니다.

흩어진 내용을 하나의 정보로 담아내다 리스트 태그 <list>

≫ 버킷 리스트

버킷 리스트(Bucket List)는 죽기 전에 해 보고 싶은 일을 적은 목록으로, 여기서 버킷은 양동이를 뜻합니다. 중세 유럽에서 죄수를 교수형에 처할 때 목을 맨 상태에서 양동이를 치워 버리기 전(kick the bucket)에 소원을 하나를 들어 주는 데서 유래된 말이라고 합니다. 버킷 리스트는 죽음을 맞이할 수밖에 없는 인간의 한계를 인정하는 것입니다.

필자는 가끔 짧은 인생을 살아가는 동안 이루고 싶은 소박한 목표들을 적어 둡니다. 보통은 가장 원하는 목표를 첫 줄에 쓰고 그다음 순위대로 위에서 아래로 내역을 채워 갑니다. 그리고 왠지 하기 싫고, 자신 없는 목록까지 억지로 적다 보면 버킷 리스트가 완성됩니다. 이따금씩 에버노트에 꼭꼭 숨겨 놓았던 버킷 리스트를 꺼내 보는데, 요즘 바쁘게 산 덕분에 이미 성취한 것도 있고 여전히 닿을 듯 말 듯한 목록도 보입니다.

- 종이책 출판하기 (V)
- 파워 블로거 되기 (V)
- 에세이 작가 되기 (V)
- 구글 본사 방문하기 (V)
- <세상을 바꾸는 시간, 15분> 출연하기 (X)
- 그림 전시회 열어 보기 (X)
- EDM 음원 발매하기 (X)
- 유튜버 되기 (X)

리스트(list)는 이름이나 일을 잘 기억하기 위해 순서대로 적어 놓은 것을 말하며, 프로그램에서는 '선형 구조'라고 표현합니다. 자료를 순서대로 저장하는 자료 구조이며, 순차적으로 나열된 형태입니다.

》 리스트 태그 삼형제

HTML에서는 리스트를 출력하는 기본 방법 3가지를 제공합니다. 데이터를 나열하는 역할은 동일하지만 각 태그마다 용도가 다릅니다. 각자 특징이 있기 때문에 나열하고 싶은 정보를 먼저 분석해 알맞은 리스트 태그를 사용해야 합니다.

– 리스트 태그의 요소

- <ul>: 'unordered list'의 약자, 순서가 필요없는 목록을 만들 때 사용
- <ol>: 'ordered list'의 약자, 순서가 있는 목록을 만들 때 사용
- <dl>: 'definition list'의 약자, 사전처럼 용어를 설명하는 목록을 만들 때 사용
- <li>: 'list item'의 약자, ul와 ol 내부에서 사용

<ul>

```
<ul>
   <li> HTML의 미디어 태그  </li>
      <ul>
      <li> video 태그 </li>
         <li> audio 태그 </li>
         <li> img 태그 </li>
      </ul>
</ul>
```

- HTML의 미디어 태그
    - video 태그
    - audio 태그
    - img 태그

이 태그는 순서대로 정렬하지 않아도 되는 목록 데이터를 다룰 때 사용합니다. 위, 아래로 리스트의 위치를 바꾸어도 일그러지지 않는 정보들입니다. 여행을 떠날 때 떠오르는 대로 준비물 리스트를 적듯, 순서에 상관 없이 데이터를 적을 때는 이 태그가 적당합니다.

<ol>

```
<ol>
    <li> HTML의 구조 순서 </li>
        <ol>
            <li> head </li>
            <li> body </li>
            <li> footer </li>
        </ol>
</ol>
```

1. HTML의 구조 순서
   1. head
   2. body
   3. footer

이 태그는 순서를 지켜야 하는 데이터를 다룹니다. 리스트의 위치를 바꾸면 내용이 달라집니다. 여행 순서를 정리할 때는 이 태그를 사용해야 합니다. 예를 들어 '제주공항 도착 → 호텔 이동 → 짐 내려 놓고 서귀포 출발 → 한라산 등반' 이렇게 순서가 중요한 리스트를 작성할 때 제주도에 도착하지도 않았는데 한라산 등반이 먼저일 수는 없는 것처럼, 순서가 바뀔 수 없는 데이터에 사용합니다.

<dl>

```
<dl>
    <dt> 리스트 태그의 장점 </dt>
        <dl>
            <dd> 가독성이 좋다. </dd>
            <dd> 사용하기 편리하다. </dd>
            <dd> 자동으로 리스트를 만들어준다. </dd>
        </dl>
</dl>
```

리스트 태그의 장점
  가독성이 좋다.
  사용하기 편리하다.
  자동으로 리스트를 만들어준다.

이 태그는 실무에서는 잘 사용하지 않는 태그입니다. 위의 두 태그가 리스트를 표시한다면 이 태그는 메타데이터를 표현하는 데 사용합니다. 여행 계획으로 비유하자면 한라산에 간다고 할 때 그곳이 왜 좋은지 추상적 개념을 구체화하는 데 사용하는 것입니다. '한라산은 높다', '공기가 좋다', '입장료가 없다', '관광객이 많다' 등으로 사용합니다.

» 리스트를 작성해 보세요

오늘 해야 하는 일들을 정리하면 흩어져 있던 나의 데이터가 하나의 정보가 됩니다. 리스트 태그도 흩어진 자료를 모아서 구조가 있는 하나의 정보로 만들어 주는 훌륭한 도구입니다. 매일 습관적으로 하던 일들을 리스트 태그를 사용해 정리해 보세요.

COMMENT

"리스트 태그는 흩어진 데이터를 모아 정보로 만들어 줍니다."

list 태그

오늘 하루 정리할 일들을 리스트 태그로 작성해 보세요. 자동으로 내용을 정리해 줍니다.

상품을 포장해 드립니다 디아이브이 태그 `<div>`

≫ 박스 포장

div box

   멀리 사는 친구에게 선물을 보내려고 합니다. 일단 마음을 전할 상품을 사고 예쁜 포장지로 선물을 감싸야 합니다. 그리고 마지막으로는 택배를 보내기 위해 박스를 구해서 안전하게 포장해야 합니다. 택배 포장을 할 때는 보통 종이 박스를 사용합니다. 우체국을 기준으로 하면 1호가 가장 작고 가격이 저렴합니다. 400원이면 살 수 있습니다. 가장 큰 박스는 6호입니다. 가격도 2,200원이나 합니다. 이때 종이 박스는 물건에 딱 맞는 크기보다는 조금 넉넉한 걸 구매하는 게 좋습니다. 그리고 택배 박스 안에는 내용물이 상하지 않도록 완충 포장재를 집어넣습니다. 그렇게 선물은 택배 안에 담겨 네모난 모양의 일정한 크기가 됩니다.

   이렇게 규격에 맞는 크기의 택배 상자가 필요한 이유는 화물차의 공간을 효율적으로 사용할 수 있고 각 물건들이 섞이지 않게 보호해 주기 때문입니다. 박스를 사용하지 않으면 트럭 안에 물건들을 아무렇게나 집어넣고 이동한 후에 다시 꺼내서 정리해야 합니다. 즉, 박스는 콘텐츠를 분리하고 관리하는 역할을 합니다.

» 만능 디아이브이 태그

HTML에도 박스처럼 영역을 구분해 주는 태그가 존재합니다. 바로 디아이브이(div) 태그입니다. 분할이라는 뜻을 가진 'division'을 축약한 것으로, 웹사이트의 레이아웃을 만들 때 사용합니다. 즉, 영역을 구분 짓거나 무리를 짓는 태그이며 상당히 광범위하게 사용됩니다.

```
<div>
    영역
</div>
```

이 태그의 사용법은 택배를 포장하는 것처럼 아주 간단합니다.
❶ 박스를 연다.
❷ 물건을 넣는다.
❸ 박스를 닫는다.

디아이브이 태그의 포장도 똑같은 과정으로 진행됩니다.
❶ 태그를 선언한다.
❷ 내용을 입력한다.
❸ 태그를 닫는다.

이렇게 디아이브이 태그로 포장된 콘텐츠들은 한 번에 제어가 가능합니다. 화면에 안 보이게 할 수도 있고, 이동시키거나 속성을 변경할 수도 있습니다. 물건을 택배 포장하는 것과 장점이 비슷하죠? 웹사이트를 관리할 때 이 태그는 최고의 관리 도구가 됩니다.

≫ 시맨틱 태그 이전에 존재하던 디아이브이 태그

앞에서 용도에 맞게 사용 가능한 시맨틱 태그를 배웠습니다. 그런데 HTML 5.0 이전에는 이런 개념이 없었고, 모든 것을 디아이브이로 대체했던 시기가 있었습니다. 이 책을 통해 처음 HTML을 배우는 분들은 이해하기 어렵겠지만, 오랫동안 개발을 해 온 개발자들에게는 아주 익숙한 방법입니다. 예시를 통해 알아보겠습니다.

```
시맨틱 태그
<footer>
    HTML
</footer>
```

푸터 태그(`<footer>`)를 다루는 방법을 알아보겠습니다. 이곳은 웹사이트의 부가정보를 기록하는 공간입니다. 이 공간에서는 검색엔진, 개발자, 사용자들이 푸터 공간인 것을 인지하고, 그에 걸맞게 사용할 수 있습니다. 하지만 이 태그가 없었을 때는 디아이브이가 모든 일을 해 왔습니다.

```
div로 사용하는 방법
<div id="footer">
    HTML
</div>
```

그 이유는 디아이브이가 공간을 나누는 기능도 하기 때문입니다. 디아이브이를 선언하고 'id' 속성에 사용법을 기록하면 시맨틱 태그를 사용하지 않고도 해당 영역은 개발자가 지정한 공간으로 사용할 수 있습니다. 물론 검색엔진이나 시스템은 이를 구별하지 못합니다.

좀 더 쉽게 비유해 보겠습니다. 겨울이 지나 두꺼운 점퍼와 코트를 정리할 때 종이 박스를 구해서 안에 옷가지를 집어넣습니다. 그리고 박스를 닫고, 테이프를 붙인 다음 두꺼운 매직을 가져와서 겉면에 이렇게 써 둡니다.

'겨울옷'

박스는 어떤 물건도 담을 수 있는 공간입니다. 그렇기 때문에 이렇게 항목 이름을 입력하는 것이 바로 'ID'라는 속성을 부여하는 방법입니다. 만약에 여기에 시맨틱 태그를 사용한다면 더 발전된 방법인 '압축팩'을 이용할 것입니다. 내용물 확인이 가능한 투명 재질의 비닐이고, 공기를 빼 압축해서 더 간편하게 보관할 수 있습니다. 누구라도 이것을 발견하면 "겨울옷 박스가 여기 있네!" 하며 한 번에 알아볼 것입니다.

≫ 디아이브이 태그의 정리 기술

디아이브이 태그는 공간을 나누고 포장을 해 주는 것 외에 별다른 기능이 없습니다. 정리를 도와주는 역할일 뿐이지만 실질적으로 HTML을 만들 때 가장 큰 도움을 주는 태그이며 가장 많이 사용됩니다. 물론 지금은 시맨틱 태그가 디아이브이 태그의 일을 많이 가져왔지만, 그래도 여전히 디아이브이는 가장 바쁘게 일을 해내고 있습니다.

COMMENT

"2020년 한 해 동안 소비된 택배 박스가 무려 27억 9,000만 개라고 합니다. 전 세계 개발자들이 만들어 낸 디아이브이 박스의 수도 이 정도는 되지 않을까요?"

div 태그

앞서 배운 내용들을 디아이브이 태그라는 박스에 담아 실습해 보세요.

인터넷 문서를 작성합니다
문단 태그 <p>,

≫ 워드프로세서의 엔터

문서를 만든다는 것, 글쓰기를 한다는 것은 곧 흩어진 생각들을 정리하는 것입니다. 이번에는 빈 노트에 내용을 채우는 일이 아닌 내용을 정리하는 방법을 알아보려고 합니다. 그런데 왜 필자는 갑자기 여기서 문서를 정리하는 법을 말하는 걸까요? 앞에서부터 내용을 잘 따라왔다면 HTML은 워드나 한글처럼 문서의 한 종류라는 사실을 이해하고 있을 것입니다. 결국 HTML도 누군가에게 작성된 글을 보여 주기 위해 만들어집니다.

세계적으로 가장 많이 사용되는 문서 작성 프로그램은 마이크로소프트사의 'MS워드'입니다. 전 세계 90퍼센트 이상의 점유율을 확보하고 있습니다. 하지만 한국에서는 압도적인 우위를 차지하지 못하고 있는데, 우리나라 사람들은 대부분 한글과컴퓨터사의 '한컴오피스'를 사용하기 때문입니다. 이 프로그램들의 목적은 기본적으로 문서 작성이기 때문에 글쓰기를 위한 많은 편의 기능이 있습니다.

대표적인 기능으로 '엔터(Enter)'를 치면 커서를 한 칸 아래로 내려 주는 '개행' 기능과 문단을 나누면 자동으로 '들여쓰기'를 해 주는 기능이 있습니다. 문단이 나눠지지 않은 글은 가독성이 떨어져 답답하게 느껴질 수 있기 때문에, '개행'과 '들여쓰기'는 문서작성에 매우 기본적인 기능이죠.

ms word

≫ 보기 좋은 문서로 정리하는 문단 태그

　HTML은 워드 프로그램의 엔터 기능이 존재하지 않습니다. 대신 문단을 나누는 태그가 따로 존재합니다. 바로 '<p>', '<br>'입니다. 이 태그는 HTML을 작성할 때 굉장히 자주 사용하며 사용자를 배려하는 태그입니다.

<p>

```
<html>
    <body>
        <p> 문단 1 </p>
        <p> 문단 2 </p>
    </body>
</html>
```

　<p>는 'paragraph'의 약어로 '문단'이란 뜻입니다. 문장을 이 태그로 감싸면 자동으로 문단으로 보이게 되고 문장 사이에 자동으로 빈 줄이 추가됩니다. 이렇게 문단을 나누는 건 쓰는 사람보다는 읽는 사람을 위한 것입니다.

```
문단1

문단2
```

　문단을 나누면 글의 내용이 뚜렷하게 드러납니다. 그리고 생각이나 내용의 블록을 표현하기 때문에 내용이 섞이지 않습니다. 문단은 독자가 글을 쉽게 이해하도록 돕고, 간간이 쉴 틈까지 줍니다. 그래서 글쓰기에는 문단이 꼭 필요합니다.

\<br\>

```
<html>
    <body>
        문장 1 <br />
        문장 2
    </body>
</html>
```

〈br〉은 'break(Line break)'의 약어로 줄을 나눈다는 뜻입니다. 이 태그를 사용하면 한 줄이 개행되어 엔터가 들어간 모양이 됩니다. HTML은 엔터 값을 인식하지 않기 때문에 엔터를 사용해, 줄을 나눠도 한 줄로 이어져 보이는 특성이 있습니다.

```
문장1
문장2
```

고등학생 때, 숙제로 한 번도 줄바꿈 하지 않은 '깜지'를 써 본 적이 있습니다. 분명 암기의 방법이라고 선생님이 말씀해 주셨던 것 같은데, 손만 아파서 오히려 공부가 하나도 안 됐던 기억만 있습니다. 이처럼 줄바꿈을 적절히 사용하는 것은 내용을 이해하는 데에 중요한 역할을 합니다. 줄바꿈은 나라마다, 글마다, 작가마다 기준이 다를 수 있지만, 대략적으로 내용을 명확하게 전달하기 위해 이 규칙을 사용합니다.

≫ 디지털 속 문장의 거리, 1바이트

줄바꿈은 글쓴이에게는 생각을 나누기 편하게 하고, 글을 읽는 사람에게는 가독성을 높여 이해하기 쉽게 합니다. 요즘은 모든 기록이 디지털로 넘어오면서 더 이상 줄바꿈이 종이를 낭비하는 행위로 여겨지지 않습니다. 옛날처럼 줄바꿈을 많이 한다고 해서, 노트를 아껴 쓰라는 선생님의 꾸지람을 들을 필요가 없어진 거죠.

COMMENT

"이 1바이트 덕분에 보기 좋고 읽기 좋은 문서가 됩니다.
우리도 이런 1바이트 거리의 쉼과 여유를 가져 보는 것은 어떨까요?"

메모장이라고 생각하고 엔터 대신 해당 태그를 사용해 자유롭게 글을 써 보세요.

p, br 태그

인터넷 필기도구 글자 태그
\<b>, \<strong>, \<i>, \<u>, \<del>, \<mark>

▶▶ 인터넷 필기구의 탄생

글이나 그림을 기록하는 도구를 필기구라고 합니다. 지금껏 역사와 인생을 기록하려는 인류의 열망은 끊임없이 이어져 왔습니다. 기원전 5,000년경 나무의 끝을 깎아서 벽이나 나무를 긁어 기록하던 방법이 최초의 필기입니다. 이후에는 종이의 일종인 파피루스(papyrus)를 발견해 필기구에 잉크를 묻혀 필기했습니다. 최초의 필기구는 얇은 갈대였고, 이후 깃털 펜이 등장하게 되었죠. 'pen'이라는 단어도 깃털이라는 의미의 라틴어 'Penna'에서 유래되었다고 합니다.

흑연이 발견된 후엔 나무에 흑심을 끼운 연필이 탄생합니다. 이후 펜촉 속에 잉크를 저장하고, 모세관현상으로 잉크가 알맞게 흘러 나오는 만년필이 탄생합니다. 그리고 헝가리의 한 기자가 펜촉에 작은 구슬을 매달아서 사용하는 혁신적인 필기구를 개발하는데, 이것이 지금도 우리가 매일 사용하는 볼펜입니다.

이제 아날로그 볼펜은 디지털로 이동합니다. 더 이상 종이 위에 기록하는 것이 아니라 컴퓨터 프로그램을 실행해서 키보드로 데이터를 입력하는 방식으로 발전합니다. 이제는 흐트러짐 없는 글씨체로 지면의 한계 없이 사용 가능합니다. 그리고 팀 버너스 리가 이끈 인터넷 혁명은 이 필기를 온라인으로 가져옵니다. 이것이 바로 HTML 문서입니다. 누군가 만든 필기를 인터넷에 접속해 확인할 수 있게 된 것입니다.

》 글자 태그

문서 작성에는 다양한 스킬이 필요합니다. 강조하는 부분은 굵게 표현하고, 중요한 부분은 밑줄을 그어 표시합니다. 또 글자 크기에 변화를 줘서 중요도를 구분합니다. 그 밖에도 다양한 방법이 도움을 줍니다.

비록 HTML은 손으로 직접 쓰는 게 아니라 입력된 데이터를 불러오는 디지털 필기지만, HTML에도 필기 기술을 사용할 수 있는 다양한 태그들이 존재합니다. 이를 일컬어 '글자 태그'라고 합니다.

\<b\>

```
<html>
    <body>
        <b> 글자를 굵게 표시합니다. </b>
    </body>
</html>
```

글자를 굵게 표시합니다.

<b>는 'bold'의 약자로, 글자를 굵게 표현하는 태그입니다. 필기할 때 중요하다고 생각하는 문장을 굵게 필기하는 것처럼 눈에 잘 띄게 만들어 주는 역할을 합니다. 이는 화면상에서 해당 글자를 굵게 표현하는 것뿐, 태그가 그 이상의 특별한 의미를 부여하지는 않습니다.

<strong>

```
<html>
   <body>
      <strong> 문장의 중요도를 표시합니다. </strong>
   </body>
</html>
```

문장의 중요도를 표시합니다.

<strong>는 강조를 나타내는 태그로 <b>와 마찬가지로 글자를 굵게 표현합니다. 하지만 이 태그는 중요도를 표시하는 기능을 하며 태그는 특별한 의미를 부여합니다. '중요성', '심각함', '긴급함' 등을 강조할 때 사용합니다. 화면에 출력되는 건 비슷할지 모르지만 시스템이 판단하는 기준은 <b>

와는 명확히 다릅니다. 예를 들면 스크린 리더(Screen Reader)를 사용하여 시각 장애인을 위해 컴퓨터 화면을 낭독할 경우, <strong> 사이에 있는 문자는 거센 억양으로 소리를 내어 발음합니다. 실제로 대화할 때 강조를 주듯 말합니다. 하지만 <b>는 음성의 강조 없이 화면에서 굵게만 보이게 사용됩니다.

<i>

```
<html>
   <body>
      <i> 글자를 기울어지게 합니다. </i>
   </body>
</html>
```

글자를 기울어지게 합니다.

<i>는 'italics'의 약어로 흘려 쓰는 것을 뜻합니다. 타이포그래피에서 손글씨를 기반으로 흘려 쓰는 자형에 영향을 받아 오른쪽으로 기울어져 있습니다. 사용자는 이 태그가 사용된 부분을 읽을 때는 평소와 다른 분위기와 음성으로 느껴지게 됩니다. 전문용어, 관용구, 문어체 등 이질감이 느껴지는 부분에 사용되며, 읽는 사람으로 하여금 새로운 시선으로 바라보게 하는 태그입니다.

<u>

```
<html>
   <body>
      <u> 밑줄을 그어줍니다. </u>
   </body>
</html>
```

밑줄을 그어 줍니다.

〈u〉는 밑줄을 긋는 역할을 합니다. 밑줄은 특정 부분을 강조할 목적으로 사용합니다. 〈b〉나 〈mark〉와 다르게 긴 문장을 강조할 때 부담스럽지 않고 자연스럽게 집중시킬 수 있다는 장점이 있습니다. 현실에서의 밑줄은 자를 대고 그어야 하지만, HTML은 알맞고 정확한 밑줄을 그어 줍니다.

<del>

```
<html>
   <body>
      <del> 취소선을 그어줍니다. </del>
   </body>
</html>
```

> 취소선을 그어줍니다.

<del>는 텍스트 가운데에 라인을 그어서 삭제된 텍스트를 표현할 때 사용합니다. 워드 프로그램에서는 '취소선'이라고 부르는데, 모자이크 처리된 검열된 문자와는 의미가 다릅니다. 이렇게 표시된 글자는 제거된 글자라는 의미가 부여되지만 읽을 수는 있는 재미있는 방식입니다. 그래서 가끔 유머러스하게 표현할 때 이 방식을 사용합니다.

\<mark\>

```
<html>
    <body>
        <mark> 형광색으로 강조합니다. </mark>
    </body>
</html>
```

> 형광색으로 강조합니다.

<mark>는 형광펜으로 칠한 것처럼 표시되며 하이라이트(highlighted) 텍스트를 정의할 때 사용합니다. 필기에서는 이런 방법을 자주 사용하지만 HTML에서는 사용 빈도가 낮은 태그입니다.

》 온라인 필기도구

　HTML은 연필, 만년필, 형광펜, 두꺼운 펜 등 현실에 있는 거의 모든 필기도구를 온라인으로 가져왔습니다. 그리고 필자처럼 손글씨를 싫어하거나 악필인 사람들도 스트레스 없이 필기를 할 수 있게 되었습니다. HTML의 문서 혁명은 평등함을 가져왔고, 덕분에 더 많은 기록을 남길 수 있게 되었습니다. 여러분들도 인터넷 필기도구를 사용해서 블로그나 홈페이지에 자신의 이야기를 가볍게 남겨 보세요.

다양한 필기구로 HTML을 메모장처럼 마음껏 실습해보세요. 가지고 놀면서 익숙해집니다.

글자 태그

어려운 코딩 없이 쉽게 이해하는 HTML 입문서

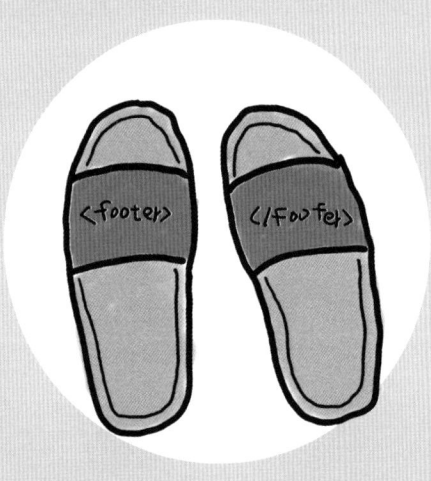

이야기로
다가가는
HTML

4장

발(footer) 부분

부가 정보를 담아 드려요 **푸터 태그 \<footer\>**

≫ 미술품을 설명하는 부가 정보

미술관

   한 편의 미술 작품을 감상할 때 작가가 말하고자 하는 메시지를 한 번에 이해하기 어려울 때가 있습니다. 그러면 작품 아래에 적힌 예술가의 정보를 확인합니다. 예술가의 이름은 무엇인지, 몇 년도 작품인지, 작품의 제목은 무엇인지, 혹은 도슨트(docent, 박물관이나 미술관 등에서 관람객들에게 전시물을 설명하는 안내인)가 남겨 놓은 추가적인 설명이 있는지 확인합니다. 이렇게 특정 대상을 설명하기 위해 추가적인 내용을 모아 둔 것을 '부가 정보'라고 합니다.

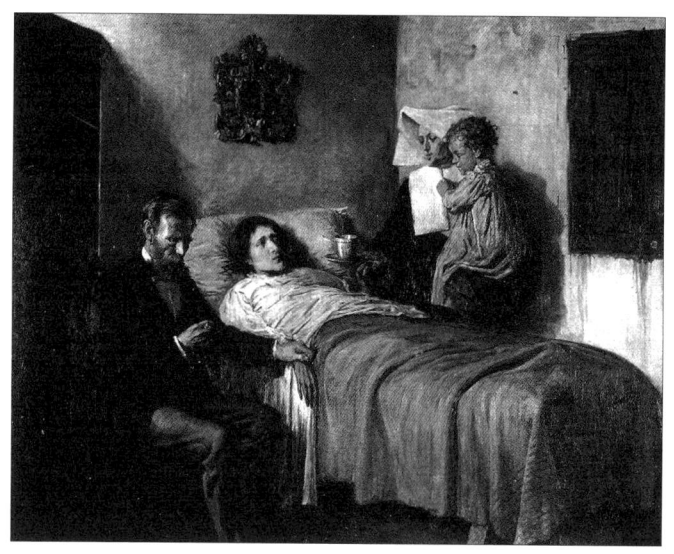

Science and Charity, Picasso, 1897
(출처: www.pablo-ruiz-picasso.net)

　여기 1897년에 발표된 그림이 하나 있습니다. 침대에 누워 있는 환자와 그 옆에 있는 의사, 그리고 수녀의 모습이 인상적입니다. 당시의 상황을 잘 나타내는 작품입니다. 이불의 질감을 보면 사물을 세밀하게 잘 묘사하는 작가라는 것을 알 수 있습니다. 그렇다면 이 그림을 완성한 사람은 누구일까요? 바로 파블로 피카소(Pablo Picasso)입니다. 그런데 이 그림은 우리가 원래 알던 이 천재 화가의 그림과 많이 달라 보입니다. 극단적인 단순함과 기하학적인 표현을 하는 입체주의 기법을 찾아볼 수 없습니다.

　왜일까요? 힌트는 바로 1897년이라는 시대적 배경에 있습니다. 당시 16살이었던 피카소는 엄격한 미술 수업을 받았습니다. 그래서 그 시절에 그린 그림에는 당시 배움의 흔적이 남아 있습니다. 학교에서 배운 개성 없는 기법으로 사실 그대로를 그렸기 때문에 우리가 자주 보던 환상적인 작품과는 거리가 멀어 보입니다. 그로부터 10년 후, 피카소는 〈아비뇽의 여인들〉을 시작으로 본격적으로 큐비즘적 작품을 그리기 시작했습니다. 이러한 사실을 알면 작품을 더 다채롭게 해석할 수 있습니다. 이렇듯 작품을 보는 정확한 시선을 제공하는 것이 부가 정보의 역할입니다.

≫ 부가 정보를 기록하다

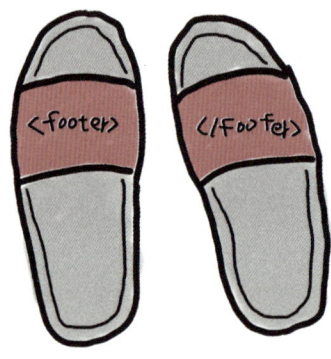

　HTML에도 홈페이지를 설명하는 '부가 정보'를 기록하는 태그가 있습니다. 바로 푸터 태그입니다. 회사 정보, 소유자, 소셜 미디어 정보, 약관 등 사이트의 내용을 보충하는 이 부가 정보는 그림 밑에 붙어 있는 정보들처럼 보통 홈페이지 맨 아래에 위치합니다.

　부가 정보가 꼭 페이지 하단에 위치해야 하는 것은 아니지만, 태그 이름이 'footer'인 것처럼 구조상 아래에 위치하는 게 표준입니다. 그림을 그린 후 서명과 날짜를 한쪽 구석에 작성하는 작가처럼, 부가 정보를 본문이나 상단에 넣을 수도 있지만 약속된 장소에 표시하는 것이 가독성도 좋고 사용자에게도 익숙합니다.

» 푸터 태그 사용법

```
<footer>
   <div>
      <a href="/">
         <h2>고코더</h2>
      </a>
   </div>
   <ul>
      <li> 블로그 소개 </li>
      <li> 브런치 소개 </li>
      <li> 출간 도서 소개 </li>
   </ul>
   <address> 주소: 서울특별시 마포구 </address>
</footer>
```

이런 부가 정보를 다루는 푸터 태그는 HTML 5부터 제공되었습니다. 과거에는 디아이브이(DIV)로 작성해서 사이트 맨 아래에 고정시켜 사용했습니다. 마찬가지로 푸터 태그 역시 보통 바디 태그의 가장 아래에 위치합니다. 그리고 이 태그 안에는 어떤 내용도 들어갈 수 있습니다. 쉽게 말하면 바디 태그처럼 위치만 알려 주는 역할을 하기 때문에 이곳이 푸터고 부가 정보를 남기고 있다는 것을 말해 주는 역할을 합니다. 한 가지 특이한 점은 푸터 태그는 여러 번 사용할 수 있다는 것입니다. 하지만 한 번만 사용해도 충분하므로 대부분의 사이트는 푸터 태그를 중첩해서 사용하지 않습니다. 그리고 소스상에 보면 주소 태그(<address>)는 푸터 태그 안에서 사용할 수 있습니다.

웹사이트는 개발자가 만든 하나의 작품입니다. 도슨트가 좋은 작품에 친절하게 부가 정보를 설명하듯 여러분도 홈페이지를 만들 때 부가 정보를 잘 기록하시길 바랍니다.

COMMENT

"사이트를 설명하는 친절한 부가 정보 푸터 태그"

만약 내가 홈페이지를 만든다면 어떤 부가 정보를 제공할지 나만의 푸터를 실습해 보세요.

footer 태그

홈페이지의 주소를 알려드립니다
어드레스 태그 <address>

>> 하이홈 닷컴

　1997년 인터넷 초창기 시절 '테크노필'이라는 벤처 회사가 '하이홈'이라는 개인 홈페이지 서비스를 시작합니다. '채림쩜 하이홈쩜 컴'이라는 광고 카피가 유행하던 시기입니다. 그 광고를 보면 집 주소를 묻는 팬에게 연예인 채림 씨가 매번 'chaelim.hihome.com(지금은 접속이 안 됩니다)'이라고 대답합니다. 그 당시는 온라인상에 개인 홈페이지가 있다는 게 상상이 잘 안 됐지만, 지금은 누구나 SNS 계정을 여러 개 가지고 있을 정도로 보편화되어 클릭 몇 번으로 쉽게 홈페이지를 만들 수 있습니다.

　우리는 친구의 집 주소보다 인스타그램 주소가 더 익숙한 시대를 살고 있습니다. 또 우리는 구글 홈페이지를 하루에도 수십 번 방문합니다. 하지만 구글 본사가 어디에 있는지는 알고 있나요? 미국 캘리포니아 어디쯤에 있다고 얼핏 들은 적은 있지만 정확히 어디에 있는지 궁금하지 않습니다. 온라인상의 사이트만으로도 충분한 시대입니다.

모든 사람은 집 주소가 있으며, 모든 사이트 운영자들도 저마다의 실제 거주하는 집이 있을 것입니다. 한국은 2014년부터 도로명주소법이 시행되어 만약 필자의 집을 방문하고 싶다면 '도로명 주소'로 찾아야 합니다. 이렇게 사람들에게 오프라인 집 주소가 있는 것처럼, 사이트를 운영하는 기업에게도 회사의 오프라인 주소가 있습니다. 특히 기업 본사의 오프라인 주소로 찾아가면, 그곳에선 회사 관계자를 직접 만나볼 수 있습니다. 때문에 홈페이지의 디지털 주소만큼 실제 주소 역시 매우 중요하죠.

≫ 홈페이지의 도로명 주소

```
<footer>
   <address>
      서울시 마포구 <br>
      Tel: (02) 123-4567
   </address>
</footer>
```

서울시 마포구
Tel: (02) 123-4567

사이트 하단 푸터 태그 안에 들어가는 가장 핵심적인 부가 정보가 바로 운영 주체의 주소입니다. 그래서 푸터 태그 안에 주소 태그를 사용합니다. 특히 검색엔진은 이 주소를 가리키는 태그를 찾아서 해당 홈페이지의 주소를 수집합니다. 만약 학원, 병원처럼 직접적인 서비스를 제공하는 사이트라면 이 태그를 꼭 사용해야 합니다.

≫ 각 콘텐츠의 도로명 주소

```
<article>
    노트북을 판매하는 XX전자입니다.
    <address>
        서울시 강남구 <br>
        Tel: (02) 987-6543
    </address>
</article>
```

아티클처럼 독립적인 내용을 담는 태그고 이 부분을 운영하는 주체를 밝혀야 할 때도 주소 태그를 사용합니다. 예를 들어, 가전제품 박람회라는 큰 독립적인 행사를 열 때 박람회 주소를 적어야 한다면 푸터 태그 안에 적어야 올바르게 표현됩니다. 박람회 참여 업체들은 큰 행사장 안에 각자의 부스를 차립니다. 하나의 독립된 행사 속의 행사입니다. 또한 해당 부스의 담당 업체는 홈페이지 속의 독립된 태그인 아티클 태그 안에도 존재합니다. 그리고 이 회사의 주소를 적어야 할 때 주소 태그를 이용해야 합니다.

≫ 인터넷에서 만든 집, 홈페이지

사이트가 존재한다는 것은 이를 소유하는 사람도 존재한다는 것이고, 소유자가 사는 현실의 공간도 존재한다는 것입니다. 즉, 집이란 개념은 온, 오프라인에서 모두 동일하게 적용됩니다.

요즘 공동주택에서 층간소음, 옆집 소음 등으로 이웃 간의 갈등이 끊이지 않습니다. 함께 살아가야 하는 공간에서 서로를 배려하면 불편하지 않게 모두가 잘 살 수 있지만, 생각보다 쉽지 않은 일인 것 같습니다. 마찬가지로 인터넷상의 SNS도 공동주택입니다. 이 공간에서도 서로 배려하며 지내야 합니다.

COMMENT

"인터넷이란 공간에서도 서로 배려한다면
모두가 즐거운 온라인 사회가 되지 않을까요?"

address 태그

현재 살고 있는 집 주소를 넣어 실습해 보세요. 아니면 살고 싶은 집 주소를 넣어 실습해 보는 것도 좋겠네요.

>> MEMO

HTML 입문서

쉽게 이해하는

어려운 코딩 없이

이야기로
다가가는
HTML

5장

에필로그

≫ 코딩을 시작하는 사람들에게

'로저 니본(Roger Kneebone)'의 《일의 감각》은 단단한 고수가 되는 방법을 이야기하는 책입니다. 저자는 수많은 고수 중에 현존하는 최고의 박제사 '대릭 프램턴(dereck Frampton)'을 만난 이야기를 가장 먼저 꺼내는데, 가장 대단한 이야기를 먼저 꺼내고 싶은 저자의 마음이 느껴지는 대목입니다. 그런데 데릭이 설명한 박제 과정은 무척 단순합니다. 예를 들어 얼룩말을 박제한다면 가죽을 벗기고, 그 크기대로 '그냥' 석고로 몸을 만든다고 합니다. 45년 동안 박제사로 일해온 고수의 비결은 '그냥 하는 것'이라고 합니다.

'그냥'이라는 단어는 무척 단순하지만, 가장 어려운 실천이기도 합니다. 누구나 박제사가 될 수는 있습니다. 하지만 고수가 되는 건 극소수입니다. 능숙해지는 것을 넘어 장인이 되기 위해서는 그 분야에 집중하는 것이라며, 잡념은 밀어 두고 오랫동안 그 일에 골몰해야 한다고 말합니다. 그렇게 오롯이 한 분야에 집중하며 연마하다 보면 고수가 될 수 있다는 것이죠.

코딩을 시작하는 사람들이 가장 흔히 하는 질문이 '어떤 프로그래밍 언어가 가장 전망이 좋나요?'입니다. 조금이라도 코딩을 해본 사람들은 조금 더 발전적인 질문을 하기도 하지만, 코딩분야에 기초지식이 전혀 없는 초보들은 "무엇부터 해야 할까요?"라는 고민으로 시작합니다. 그럼 저는 주저 없이 'HTML'부터 다시 공부해 보라고 합니다. 비법은 무엇일까요? '그냥' 시작하는 것입니다.

최고의 박제사는 작품을 만들 때 가장 먼저 석고로 뼈대를 만듭니다. 작업이 끝나면 초기에 만든 복잡한 뼈대는 보이지 않게 되지만 결과물은 견고하고, 잘 다듬어진 외관을 갖게 됩니다. 조금 서툴더라도 기초가 탄탄하면 중간에 실수를 하더라도 그 위에 덧붙여진 결과물은 완성도 높은 작품이 됩니다. 그러니 걱정하지 말고 시작하는 것이 가장 중요합니다.

HTML은 실수를 바로 잡는 과정에 관대합니다. 태그나 문법이 틀리더라도 오류가 발생하지 않습니다. 고급 프로그래밍 언어에서 내뱉는 빨간색 경고 메시지를 화면에 띄우지도 않습니다. 실수를 해도 용납 받을 수 있는 수습이나 인턴 과정처럼 초보 개발자에게 안전한 언어입니다.

체조 선수들이 참가하는 올림픽 경기장에는 정확한 도착지점에만 안전 매트가 설치되어 있어 가혹하게 느껴집니다. 하지만 체조 선수들이 기술을 연습할 때는 언제 넘어져도 다치지 않도록 푹신한 매트를 사방에 설치합니다. 누구나 도전하고 연습할 수 있는 이 공간은 HTML이 주는 여유와 닮아 있습니다. 여러분도 HTML의 여유를 믿고 책을 완독한 후에, 지금부터 제가 제안하는 몇 가지 방법으로 학습을 이어가시길 바랍니다.

1. 반드시 실습하기

코딩은 실습 없이 절대 실력이 늘지 않습니다. 피아노를 아무리 머리로 공부해도 손가락으로 직접 연주하지 않으면 실력이 늘지 않는 것과 같은 원리입니다. 책에서 다룬 실습 사이트 코드펜에서 그대로 따라 하면서 다양하게 응용해 보세요. HTML은 어렵지 않습니다. 열심히 손가락을 사용하여 직접 타자를 치다 보면 금방 익숙해질 수 있습니다. 다시 한번 강조하지만, 그 익숙함을 만드는 방법은 오직 '실습'입니다.

2. 사이트 활용하기

https://www.w3schools.com/html

W3Schools는 무료로 제공되는 온라인 코딩 교육 사이트입니다. 특히 HTML을 공부하기에는 더할 나위 없이 좋습니다. 한국어 지원을 하지 않는

것이 아쉽지만, 코드를 보는 것에는 큰 불편함이 없습니다. 만약 한글 번역이 필요하다면, 크롬 브라우저의 번역 기능을 사용하여 우리에게 익숙한 한국어를 만나 보실 수 있습니다.

이 사이트의 특징은 예제 코드를 바로 실습할 수 있도록 기능이 설계되어 있다는 점입니다. 만약 이 책을 다 공부했다면, 다시 한번 해당 사이트에서 추가적으로 학습해 보시기 바랍니다. 그렇게 몇 번 반복하다 보면 HTML에 자신감이 붙은 여러분을 발견하실 수 있을 것입니다.

≫ 도전을 멈추지 마세요.

* 영화 <스탠바이, 웬디(PLEASE STAND BY)>의 스포일러가 포함되어 있습니다.

"안타깝게도 귀하의 시나리오는 우승작들에 포함되지 못했습니다."
"하지만 낙심하지는 마십시오."
"멈추지 말고,"
"이야기 들려주기를 그치지 마십시오."
"훗날 다른 작품으로 만나기를 바랍니다."
"그때까지"
"장수와 번영을······."

— 영화 <스탠바이, 웬디> 중에서

    자폐증을 앓고 있는 소녀 웬디. 그녀의 꿈은 작가입니다. 어느 날 TV에서 스타트렉 시나리오 공모전 광고를 보게 된 그녀는 자신의 꿈을 위해 글을 쓰기 시작합니다. 밤낮으로 열심히 쓰고 지우기를 반복하며, 웬디는 작품을 완성하지만, 마감일은 다가오고 우편으로 제출할 시간이 부족하다는 사실을 알게 됩니다. 곧 태어날 조카에게 떳떳한 이모이고 싶었던 웬디는 처음으로 세상이란 공간으로 모험을 나서게 됩니다. LA에 있는 '파라마운트 픽처스'를 향한 여행이 시작된 것이죠. 불편함으로 둘러싸인 그곳은 웬디에게 전혀 친절하지 않았습니다. 사람들은 그녀를 귀찮아했고, 가게 점원은 그녀에게 바가지를 씌웠습니다. 심지어 친구라고 생각했던 낯선 사람은 웬디의 전 재산과 아끼는 아이팟까지 훔쳐 달아납니다. 그렇게 교통사고까지 당해 가며 우여곡절 끝에 도착한 파라마운트 픽처스 또한 친절함이라고는 찾아볼 수 없었습니다. 규정을 들먹이며 멀리서 온 웬디를 쫓아내지만, 그녀는 처음으로 자신의 목소리를 내며 기지를 발휘해 원고를 제출합니다. 그렇게 작가가 되기 위한 웬디의 여정은 마무리가 됩니다.

과연 웬디의 시나리오는 당선이 됐을까요? 보통 영화였다면 당선이 되며 해피엔딩으로 끝났겠지만 여기서 그녀의 작품은 당선되지 않습니다. 그리고 떨어진 그녀에게 '당신을 응원합니다. 도전을 멈추지 마세요'라는 메시지가 도착합니다.

개발자는 끊임없이 도전하는 직업입니다. 그리고 그 과정은 단 하루도 평온하지 않습니다. 하지만 이 굴곡 많은 과정을 즐기다 보면 어느새 훌륭한 코드를 짜는 프로그래머가 되어 있을 것입니다. 낙심하지 않고, 불친절한 코드 속에서 개발의 문이 열릴 때까지 멈추지 않고 끊임없이 지속하는 도전이 필요합니다.

HTML이란 문을 열어 개발자의 세계로 들어온 것을 축하드립니다. 이제 고급언어를 향해, 여러분의 새로운 꿈을 향해 한걸음 더 나아가길 바랍니다. 낙심하지 않고, 불친절한 코드 속에서 개발자라는 문이 열릴 때까지 멈추지 않는 도전이 필요합니다.

이야기로 다가가는 HTML
어려운 코딩 없이 쉽게 이해하는 HTML 입문서

초판 1쇄 발행 2021년 12월 30일

지은이	이진현
펴낸이	김범준
기획	권혜수, 심지혜, 오소람
책임편집	권혜수, 오소람
교정교열	한이슬
편집디자인	심지혜
표지디자인	주현아
발행처	비제이퍼블릭
출판신고	2009년 05월 01일 제300-2009-38호
주소	서울시 중구 청계천로 100 시그니쳐타워 서관 10층 1011호
주문/문의	02-739-0739
팩스	02-6442-0739
홈페이지	http://bjpublic.co.kr
이메일	bjpublic@bjpublic.co.kr

가격 14,000원
ISBN 979-11-6592-118-7

한국어판 © 2021 비제이퍼블릭

이 책은 저작권법에 따라 보호받는 저작물이므로 무단 전재와 무단 복제를 금지하며,
내용의 전부 또는 일부를 이용하려면 반드시 저작권자와 비제이퍼블릭의 서면 동의를 받아야 합니다.

잘못된 책은 구입하신 서점에서 교환해드립니다.